「食」の図書館

プディングの歴史

PUDDING: A GLOBAL HISTORY

JERI QUINZIO
ジェリ・クィンジオ【著】
元村まゆ【訳】

原書房

目次

［……］は翻訳者による注記である。

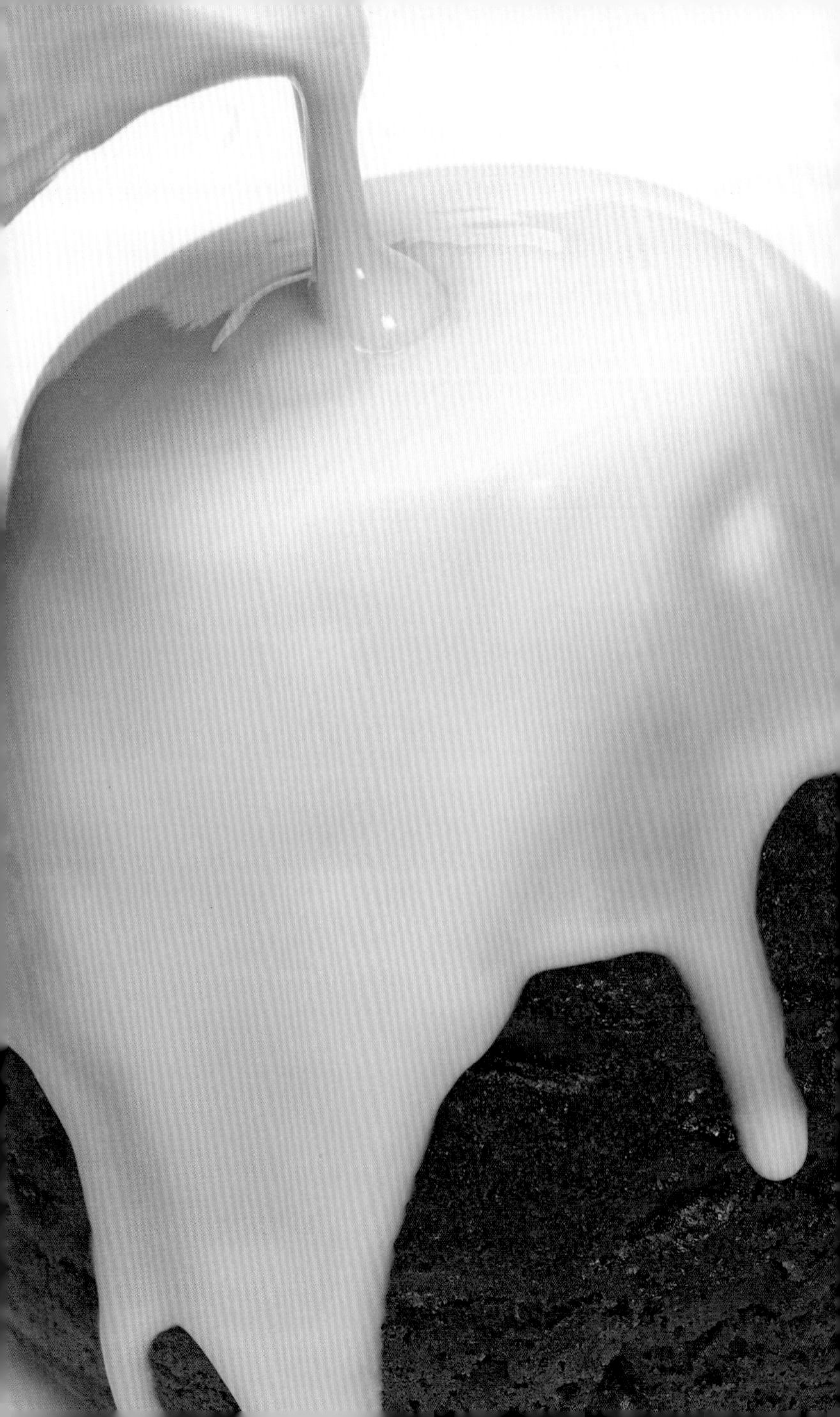

序章◉百人に百通りのプディング

プディングの発明者に祝福を。

——アンリ・ミソン・ド・ヴァルブール『回顧録 *Memoirs*』1698年

エルキュール・ポアロは、イギリスの田園地方でクリスマスを過ごすことに、何の魅力も感じなかった。クリスマスは子供のためのものだし、おまけに領主の館は寒い。彼には他にもっと楽しめることがあった。だが、アガサ・クリスティーの『クリスマス・プディングの冒険』［橋本福夫他訳。早川書房。2004年］では、この有名な探偵は事件の調査を引き受けるよう説得され、レイシイ一家の家でクリスマスの休日を過ごすことを余儀なくされた。そこで彼は、古風なイギリス式クリスマスの伝統にどっぷり浸ることになる。ポアロが館に到着すると、レイシイ夫人は説明を始めた。「昔と変わらないもの、クリスマスツリーに吊り下げた靴下だの、カキのスープや七面鳥……プラム・プディング」

実際、翌日のディナーのクライマックスに登場したのはプディングだった。「大きなフットボールのような形をしたプディングで、ヒイラギが一枝、優勝旗のようにその上にさしてあり、青と赤の輝かしい炎がそのまわりから舞いあがっていた」。しかしながら、ポアロにとってプディングは、不吉な意味合いをもっていた。その前夜、彼は部屋の中で「プラム・プディングには決して手をつけないこと。あなたのためを思う者より」という警告が書かれたメモを発見したのだ。署名はなかった。メモの脅迫めいた言葉にかまわず、ポアロはプディングをひと切れ受け取って味わった。それは、大変驚いたことに、「すこぶるおいしかった」。言うまでもないが、ポアロがプディングを食べたことで、ミステリーは解決へと向かう。

プディングを小説のプロットに使ったのはクリスティーだけではない。シェイクスピアからジェーン・オースティンまで、アントニー・トロロープからA・A・ミルンまで、何らかの形でプディングについて書いている。『鏡の国のアリス』、『ケイシー打席に立つ』、『クリスマス・キャロル』など、プディングはさまざまな作品に登場し、文学において重要な役割を担ってきた。作家たちはプディングを使って、祝福、飽食、慰安を表現した。また、欲求、退屈、不均衡を連想させる言葉としても使った。後に18世紀イギリスの詩人・劇作家ヘンリー・ケアリーの作品とされている風刺的小冊子の中では、プディングは政治的腐敗の象徴として使われている。いずれの時代も風刺画家や政治集団は、プディングを効果的に使っ

極端にクローズアップされたプディング。

てきた。形容詞として使われるとき、プディングはまったく別の意味をもつ。愚鈍でずんぐりした人は「プディング・ヘッド」または「プディング・ボーイ」と呼ばれた。また、食事どきに人の家を訪れることを「プディングの時間にやってくる」と言う。これ以上うまい表現があるだろうか。

クリスマス・プディングは、『クリスマス・プディングの冒険』がそうであるように、不変の伝統やもてなしを象徴することが多い。一方、ライス・プディングは、安堵という意味での変化のなさを表す。A・A・ミルンの詩『ライス・プディング』では、子供に繰り返し与えられる代わりばえのしないデザートとして登場する。子供たちは、階下のダイニングルームでは大人たちが豪華なごちそうを食べていることを知っているのだ。だが、20世紀アメリカのフードライターM・F・K・フィッシャーのライス・プディングに対するイメージは大きく異なる。彼女は「明け方までボリュームを抑えて音楽を流しながら、ベッドで食べるのにぴったりだ。甘い夢が見られそうな気分になる」と書いている(1)。

このように、プディングがさまざまなイメージをもつことは、不思議でも何でもない。プディングは多様性に富んだ料理だ。時代や地域、話し手によっては、プディングは動物の腸で作った皮に肉ダネを詰めたものを指し、どちらかと言えばソーセージに近い。また、楽しみというより空腹を満たすために供される、小麦粉を湯で練って茹でただけの、団子《ダンプリング》のよ

ハブロット・ナイト・ブラウン（通称「フィズ」、1815〜1882年）『メリー・クリスマス』この本の挿絵には、ファーザークリスマス［イギリスでは伝統的にサンタクロースを「ファーザークリスマス」と呼ぶ］と、このシーズンに欠かせないさまざまなものが描かれている。

ジョン・フィリップス、『プディングの解放；あるいは切り分けるのは誰だ』（1829年頃、銅版画、教会と英国が所有）［アイルランド人政治家ダニエル・オコンネル（左）とローマ法王（右）が描かれた政治的風刺画］

うな野暮ったい食べ物もプディングと呼ばれる。それとは対照的に、レーズン、イチジク、デーツ、ナッツ、スパイスが入った、華やかなフルーツケーキのようなプディングもある。インスタントのデザートもあれば、数週間（時には数カ月）前に作っておいて、特別な機会が来るまで寝かしておくものもある。ブランデーをかけ、フランベして供されるものもある。珍しい食材を使った豪華な料理にもなれば、どこにでもある残り物を上手に使い切る手段にもなる。茹でたり、蒸したり、焼いたり、電気調理鍋《クロックポット》で時間をかけて調理したり、電子レンジで温めたりするものもあれば、まったく火を通さないものもある。また、プディングと

ジェイ・N・“ディング”・ダーリング『プディングを焼く前に切る』（1940年）先の尖ったペンとインクで描いた時事漫画の1作。ドイツがプディングの最大の分け前を取っている。

ジョージ・クルックシャンク『プディング・タイム』（1827年、銅版画）クルックシャンクはイギリスの風刺画家。遅れてやって来た男が絶妙のタイミングを見せている。

呼ばれるものには、柔らかいクリームやカスタードをぜいたくに飾り、卵や牛乳、クリームをふんだんに使ったものもある。この種のプディングも、クレームブリュレから焼きカスタードまで幅広い。さまざまなバリエーションがある中に、蒸しプディングのソースとして使われるものがある。つまり、プディングがプディングのソースになるのだ。

百人いれば百通りのプディングがあるので、ほとんどの辞書には載せてしかるべき意味が載っていない。プディングは単純な単語だ。英語では7文字で、発音もつづりも難しくない。だが、ひと言で定義づけるのは難しい。『ランダムハウス英語辞典』では、「ドロリとした柔らかいデザートで、通常は濃度をつけるために小麦粉などが使われる」と、どちらかと言えば魅力的とは言えない定義が記されている。この定義には、デザートではなく、コース料理の最初の一皿またはメイン料理、あるいはサイドディッシュとして出される、肉や魚などが入った多くの甘くない《セイボリー》プディングは含まれていない。また、現在デザートとみなされているプディングは、昔はしばしばコース料理の最初の一皿だったという事実も無視されている。また、私のコンピュータの電子辞書は、プディングを「なめらかでクリーミーな食感の甘みのある加熱調理されたデザートで、通常は小麦粉、牛乳、卵、香料から作られる」と定義している。これは甘くない《セイボリー》プディングだけでなく、明らかになめらかなデザートとは言えない、フルーツがたっぷり入ったプディングや、パンをベースにしたプディングも無視している。一方で、オンライン辞書にはプディングの第2の意味も載っている。それは、イギリスでは、「コース料理におけるデザート」を指すというものだ。イギリスおよびその他の英語圏の国々では、アメリカ合衆国を除いて、プディングは20世紀初頭に、デザート全般を指す言葉になった。「プディングには何を召し上がりますか」、あるいは口語的に「ママ、今日のプディングは何？」という質問に対する答えには、アップルパイからそれこそプディングまで、あらゆるデザートが含まれる。

『オックスフォード英語辞書（OED）』によると、「プディング」という単語の使用は13世紀までさかのぼり、豚や羊などの動物の胃や腸に、ひき肉、スエット〔腎臓と腰の周りの固い脂肪組織〕、オートミール、調味料を混ぜて詰めたものを指した。ソーセージのようなもので、通常は茹でて食された。16世紀になると、プディングという言葉は人間の腹部の中身をも表すようになり、しばしば暴力的な場面で使われた。人の腹部に剣を突き刺すと、プディングが飛び出すという具合だ。OEDでは、プディングは以下のように定義されていて、暴力的な意味合いは含まれていない。

通常は牛乳、卵、小麦粉（あるいはスエットや、米、セモリナなど他のデンプン質の食材）などを混ぜたものに、さまざまな甘い《スイート》、または（時には）甘くない《セイボリー》食材を加えたタネ、あるいはこうした混ぜもので作った外皮にさまざまな食材を包んだものを、茹でたり、蒸したり、焼いたりした料理。

本書では、プディングが当初のソーセージのような食べ物から、時代とともに発展して豪華なデザートになるまでを考察する。また、多くの代表的なプディング——ブラッド・プディング、ブレッド・プディング、ライス・プディング、プラム・プディングなど——の背景にある物語を詳しく紹介する。クリームとカスタードには異なった伝統があるので、本書では取り上げない。どちらも素晴らしい食品なので、それだけで1冊の本が書けてしまう。ほとんどの国には、伝統や文化に根付いたプディングがあり、本書ではそれを徹底的に論

プディングは昔から絵はがきやクリスマスカードの絵柄として世界各地で使われてきた。これはアメリカ人画家エレン・H・クラップサドルによる20世紀初頭の絵はがき。

じていきたい。とは言うものの、プディングがひときわ異彩を放っているのはイギリスだ。私は、17世紀にイギリスを旅して見聞記を著したフランス人、アンリ・ミソン・ド・ヴァルブールの意見に賛同する。ド・ヴァルブールは、イギリス人はプディングを「50種類以上の方法で料理する」ので、解説は困難だと悟った。プディングとはマナ［旧約聖書に登場する「荒野で神から与えられた食べ物」のこと］だと彼は書いている。「あらゆる人々の口に合う」マナで、「荒野で与えられたものより美味なマナだ。なぜなら、イギリス人はプディングを食べ飽きることはないからだ」。「ああ、イギリスのプディングとは、何と素晴らしい食べ物であることか！」(2)

第1章◉プディングの歴史

陰謀と政治は人を傷つけもするが、プディングは決して傷つけない。

ヘンリー・ケアリーの著作とされる、『ダンプリングに関する学術的論文 *A Learned Dissertation on Dumpling*』、1726年

『ダンプリングに関する学術的論文 *A Learned Dissertation on Dumpling*』は18世紀イギリスの政治的陰謀に向けた風刺的小冊子として出版された。だが、著者のプディングに関する知識にはきわめて説得力があったため、今日では政治腐敗よりも料理に関心がある人々に読まれている。1726年に匿名で出版されたが、現在は作家で脚本家でもあったヘンリー・ケアリーの著作とみなされている。この作品は、「大量にプディングを食べていながら、この最も高貴な科学の初期の研究者たちに感謝の念をもたず、歴史の中に彼らの居場所を見つけようともしない」歴史家たちを批判している。[1]

ケアリーの批判をよそに、私たちは歴史におけるプディングの居場所が古代までさかのぼることを知っている。プディングへの言及が見られる最古の書物のひとつはホメロスの『オデュッセイア』で、ブラッド・プディングを豚の胃袋に詰めて焼く場面が描かれている。きれいに洗われた動物の胃袋や腸は、人類の初期の調理容器だった。料理人は食材を混ぜ合わせ、胃袋や腸に詰めて加熱した。主要な材料としては動物の血液の他に、肉、米、パン、骨髄も使われた。それを油脂やスエット（牛の腎臓の周りにある固い白色脂肪）と混ぜ合わせた。さらに、アーモンド、クリーム、デーツ、卵などのあらゆる食材、料理人の想像力と手腕に応じてさまざまなハーブやスパイスが加えられた。料理人はこうした混ぜ物を腸に詰めると、火にかけた鍋でプディングを茹でた。場合によっては、タネを詰めた腸は茹でずに、動物の体の中に入れて焼かれることもあったが、これは通常、家族のディナーというよりは、饗宴での特別な見せ物として行われた。

ブラッド・プディングはその見た目からブラック・プディングとも呼ばれる。このような肉を使ったプディングは、解体された動物の腐敗しやすい血液、肉、臓物を保存する方法として発展した。調味料を加えたり、胃袋や腸に詰めたりして加熱しておくと、長く保存できた。プディングは実用的であるだけでなく、おいしくて食べ応えがあった。ホワイト・プディングと呼ばれるプディングもある。調理法はブラック・プディングと同様だが、血液は含

ジャック・フィリップ・ル・バス、『ラ・ブディニエール（ブラック・プディングづくり）』（1747年頃、銅版画）18世紀フランスでは、家族総出でブラッド・プディングを作った。

まれない。通常は子牛肉、鶏肉、豚肉などの白身肉に、大麦、米、パンといった混ぜ物を加えて作られた。裕福な人々はプディングを甘くし、バター、スグリの実、レーズン、卵、スパイスを加えた。時代とともに、これにさらに多くのドライフルーツ、砂糖、スパイスが加えられ、こうしたプディングは、今日私たちが好んで食べる有名なプラム・プディングのような、蒸して作るスイート・プディングに発展していった。

◉プディングクロス

動物の胃や腸に詰めて作るプディングには、明らかなデメリットがいくつかあった。腸はすっかりきれいにするのに手間がかかり、中にタネを詰めるのも難しい。17世紀半ばに自然哲学者ケネルム・ディグビー卿は、腸はよくこすって汚れを洗い流し、その後三日三晩水につけ、「毎日二度水を取り替えて、水を替えるたびに水と塩でこすり洗いをすること」と書いている。(2) また、腸は動物が解体された直後の、まだ新鮮で損傷されていないときしか手に入らず、しかも解体される動物の数によって、量も限られている。

印刷物の記録によると、17世紀にプディングクロスが開発され、料理人はこうした制限から解放された(だが、記録に残る以前から、クロスはすでに使用されていたに違いない)。クロスが使われるようになって、プディングの調理は容易に、より日常的になった。プディングクロスは、水が染みこみにくいように、目の細かい、丈夫な布でできている。その中央にプディングの生地を流し入れ、4つの角を持ち上げてしっかりと結ぶ。プディングが膨張しそうなときは少しゆとりをもたせるが、そうでなければきつく結んでおく。そうしてできたプディングの袋を、大きなシチュー鍋に渡した棒にぶら下げ、水かスープの中に沈めて数時間茹でる。あるいは、袋の底が鍋に触れて焦げないように、鍋の中に皿や台を置き、その上に袋を乗せることもあった。そうして沸騰した湯の中に沈めておく。プディングに火が通ったら、袋を鍋から取り出して、冷たい水に浸して袋からプディングを取り出し、ひっくり返して大皿に載せる。

プディングクロスによって、プディングの作り方が変化した。

野菜や肉は、通常はプディングと一緒に鍋の中へ入れて茹でた。焼いた肉と一緒に食べる場合は、プディングを湯やスープの中で茹でたあと、薄切りにしてオーブンの肉汁受け皿に並べ、その上で肉を焼いた。裕福な家庭では、プディングを他の料理と盛り合わせて、メイン料理として供した。さほど裕福でない家庭では、最初にプディングを出して空腹を満たしたあと、より高価な肉などの料理を出した。貧しい家庭にとっては、コース料理の順番など何の意味ももたず、プディングだけの食事をとることも多かった。

料理本の著者はしみひとつない清潔なプディングクロスを使う必要性を強調していて、料理本にもしばしばプディングクロスのすすぎ方や洗い方が示されていた。19世紀中頃に

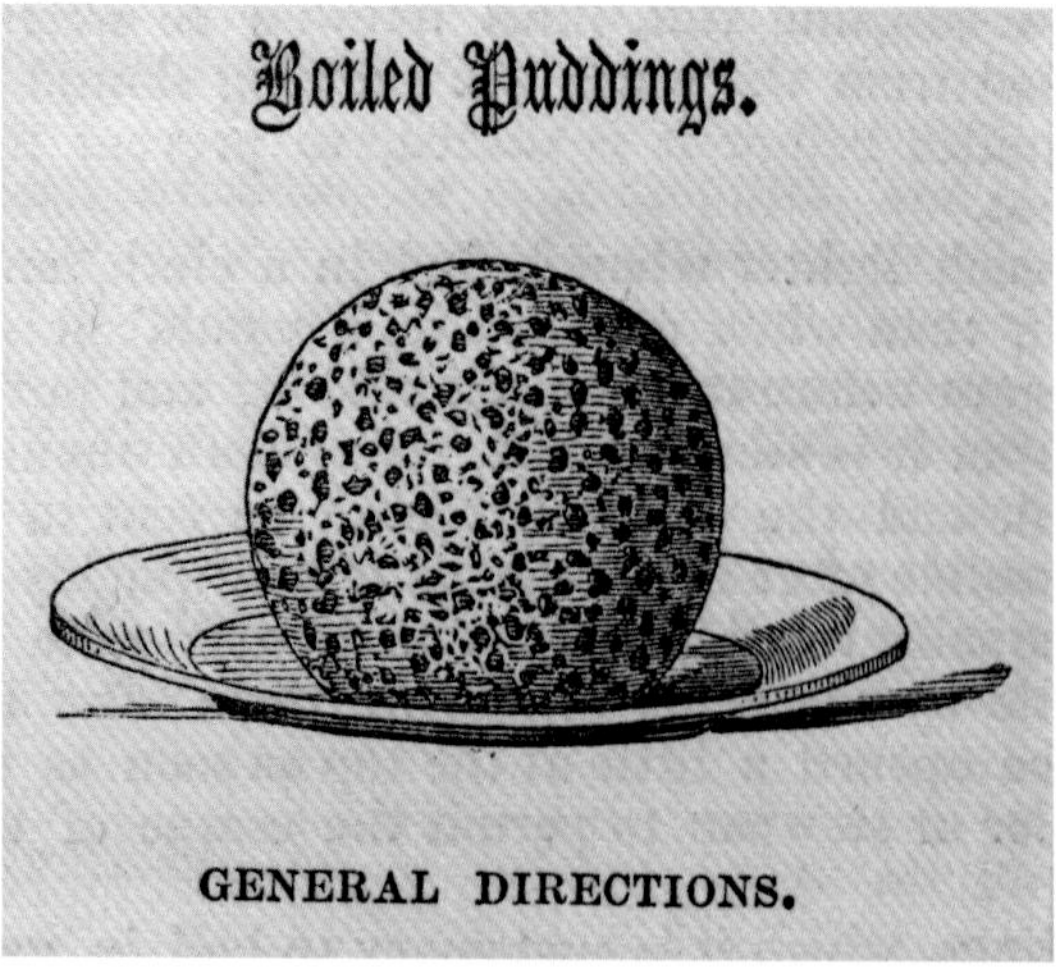

蒸しプディング。エリザ・アクトン著『入念に吟味したレシピシリーズの、簡単に実践できるよう簡略化した個人家庭向け現代料理法 *Modern Cookery for Private Families, Reduced to a System of Easy Practice, in a Series of Carefully Tested Receipts*』（1885年）より。

最も影響力のあった料理本作家のひとりであるイザベラ・ビートンは、１８６１年に『家政読本 *Book of Household Management*』で、以下のように指導している。

プディングクロスの清潔さには細心の注意を払うべきです。このことをないがしろにすると、蒸しプディングの表面がひどく不味くなってしまいます。クロスはプディングからはずしたあと、できるだけすみやかに水に浸け、よほど油がしみついていない限りは石けんをつけずによく洗いましょう。その後戸外で乾かし、きちんとたたんで乾燥した場所にしまっておきます。使用する際は、沸

"Will that pudding be long?"
"No, sir, it will be round; or, to be more precise, 'spherical."
BANFORTH (Copyright)

20世紀初めの小さなひと切れのプディングに関するジョーク。出版社のバンフォース社は機知に富んだポストカードで知られていた。この絵の作者は明らかにされていない。

(ポストカードの中)

「このプディングは日持ち（long＝長い）するかね？」

「いいえ、旦那様、このプディングは丸うございます。より正確に言いますと、球形でございます」

騰した湯に浸して固く絞り、小麦粉を薄く振りかけておきます。

プディングクロスの手入れと洗浄がこれほど重要視されていたのなら、チャールズ・ディケンズが『クリスマス・キャロル』（１８４３年）の一節で、プディングの匂いを洗濯にたとえているのも納得できる。

うわあ！　一気に噴きあがる蒸気！　プディングが銅釜から取りだされる。洗濯の日のにおいだ！　プディングを包んでいる布のにおいだった。食堂とお菓子屋が隣同士に並んでいて、そのまた隣に洗濯女が住んでいるみたい！　そう、それがプディングだった。
［『クリスマス・キャロル』越前敏弥訳。ＫＡＤＯＫＡＷＡ。２０２０年より引用］

●プディング・パイとプディング型

17世紀には、プディングは、縁が厚くて深さのあるプディングベイスン［陶器製のプディング型］で調理するようになった。このベイスンに油を塗ってプディングのタネを満たし、クロスをボウルの上にかぶせて糸をかけてしばるか、ボウル全体を覆って上で結んだ。そし

現代のプディング型

て、深鍋で沸騰させた湯の中に全体を浸すのではなく、ベイスンの縁の高さまで湯を入れ、深鍋に蓋をした。こうすれば、プディングは茹でるというより蒸すことになる。

運良く暖炉の横にオーブンが組みこまれている家や、別にパン焼き用のオーブンがある家では、プディングを焼くことができた。そのような家では、鍋にパフペストリー［パイ生地に近いペストリー］を敷いてからプディングを入れたり、ベイスンの縁にペストリー［粉に油脂と水分を加えてまとめたもの］を飾りのように付けたりした。あるいは、ただ油を塗ったベイスンにプディングのタネを流しこんで焼く場合もあった。これはプディングというよりパイに近いので、しばしばプディング・パイと呼ばれ、ふたつの料理の区別はあいまいになった。これが「プディング・パイのように簡単な」という慣用句の由来だと思われる。

19世紀になると、銅製のプディング型が使用されるようになった。クロスより使いやすいので、台所のお手伝いがいない女性でもプディングが作れるようになり、実際に大いに作られるようになった。この新しい調理器具によって、彼女たちのレパートリーも飛躍的に増えた。いつでも作りたいときにプディングが作れるようになったので、ビートン夫人が「簡単なスエット・ダンプリングから、この上なく手の込んだクリスマス・プディングまで」と書いているように、女性たちは年がら年中プディングを作るようになった。

●プディングの隆盛

世界中の料理人がプディングを作ったが、イギリスの料理人にとってプディングは特別な料理だった。ドイツ語が母語のジョージ1世（1660～1727）はプディングをたいそう好み、そのためにプディング王と呼ばれるようになったが、イギリス人のプディング愛は、このことに影響を受けているのかもしれない。ジョージ1世はあまり人気のある王ではなかったが、王がプディング、特にスイート・プディングを好んだことで、この料理が広まったと言える。ヘンリー・ケアリーは『ダンプリングに関する学術的論文 *A Learned Disser-*

J・ジョセフ『切り分ける』（1818年頃、手彩色の銅版画）一番大きな部分が最初に切り分けられようとしている。

tation on Dumpling』に、「それ故、英国の男性たちは、ディングを（好んで）食べる人と呼ばれることを恥じるべきではない。それどころか、栄誉と思うべきだ」と書いている。そして、その通りになった。その頃からイギリスの料理本に、プディングのレシピが急激に増えた。ハナー・グラス著『シンプルで簡単な料理法 *The Art of Cookery Made Plain and Easy*』改訂版（1796年）には、70以上のプディングのレシピが掲載されている。ビートン夫人は1861年まで

に90以上のレシピを作成した。その頃には、イギリスでは、プディングのない食事は食事とは言えないほどになっていた。

料理人は甘い《スイート》プディングだけでなく、甘くない《セイボリー》プディング、ぜいたくなプディング、巨大なプディングも作った。動物の腸を容器として使いつづける料理人もいたが、プディングを茹でたり、蒸したり、焼いたりするとき、ほとんどの人はプディングバッグ［布を袋状に縫ったもの］、ベイスン、流し型、パイ皿、あるいはバターを塗った小さめのティーカップを使った。愛らしい波形の抜き型やプディング用の食器を持っていない人は、あり合わせの調理器具を使った。アメリカで１９００年から刊行された手書きの料理本には、プラム・プディングを「ブリキの手桶を、沸騰した鍋の中に入れて」調理すると書かれている。「グラナイトやほうろうの小さな桶」を使えばいいと書いた人もいた。数年後には、理想的な蒸し器としてコーヒー缶が使われるようになった。

20世紀前半には、出版された料理本と手書きのレシピ集の両方に、プディングとソースのレシピが多数掲載されるようになった。家庭の料理人はさまざまなプディングを作り、屋台ではシンプルなプディングが売られ、シェフは見た目も美しい、凝ったプディングを作った。プディングはパブや学校の食堂でも提供される一方で、ロンドンのシンプソンズ・イン・ザ・ストランドやボストンのロック・オーバーといった高級レストランのメニューにも載った。

ビートン夫人のおいしそうなプディングの数々。『家政読本 *Book of Household Management*』1895年版から。

料理人は、小麦粉とバターのシンプルなバッター［小麦粉、牛乳、卵などを混ぜ合わせて作るドロリとした生地］から、フルーツを混ぜてフランスのクラフティ［タルト皿に果物をたくさん入れて甘いソースをかけて焼いた焼き菓子］のようなプディングを作った。ライス・プディングも、米と牛乳を混ぜただけのシンプルなものから、ホイップクリームや缶詰のフルーツを加えたリ・ア・ランペラトリス［フランス皇帝ナポレオン3世の宮廷パティシエが皇后ウジェニー・ド・モンティジョのために作ったといわれる、米を使ったフランス菓子］まで多くの種類を作った。ブレッド・プディングには、固くなったパンと牛乳のつましい組み合わせもあれば、こってりしたケーキやカスタードを使ったぜいたくな料理もある。料理人はプディングの上にメレンゲを飾ったり、カスタードソースやワインで作ったソース、柔らかくしたバターと砂糖、フルーツシロップをかけたりして供した。ブレッド・プディングには最低でも砂糖を振りかけるか、溶かしたバターをかけた。クリスマスには、暖炉のまわりにつり下げる靴下と同じくらい、プラム・プディングがつきものだった。ニューイングランドの感謝祭のディナーには、「インディアン」プディングが欠かせなかった。歴史の中で、プディングの地位は揺るぎないものとなっていった。

第2章◉黒《ブラック》いプディングと白《ホワイト》いプディング

プディングは今なお生活に深く浸透している。
メイ・バイロン、『プディング、ペストリー、甘い料理 *Puddings, Pastries and Sweet Dishes*』（1929年）

人間の暗部を象徴するものとして、ブラッド・プディング以上のものがあるだろうか。今日では、私たちは血を見たがらず、多くの人は血を食べるなど考えただけでゾッとする。血を食することを禁じる宗教もある。血のしたたる肉もあまり食べなくなったし、血のついたエプロンを身につけた食肉処理者も見なくなった。ブラッド・プディングが今よりずっと一般的だった時代でさえ、作家がブラッド・プディングをもち出すのは、どちらかと言えば気味の悪い物語だった。

グリム兄弟は、『ねずの木』という物語でブラッド・プディングを登場させている。この身の毛がよだつような話では、邪悪な継母が義理の息子を殺してブラッド・プディングを作り、それを父親に食べさせる。物語の最後で継母は殺され、息子は奇跡的に生き返るが、この物語を読んだあと、読者はブラッド・プディングを食べることを考えただけで身震いするだろう。

それより前に、『トリマルキオの饗宴』では、この話ほど残酷ではないが、同じくらい奇怪な話が語られている。これはローマ帝国時代の飽食ぶりを象徴する物語となった。実話だと思っている人もいるが、この話は1世紀のピカレスク小説『サテュリコン』の一部で、成金のばかげた放縦ぶりを風刺する目的で書かれている。著者は今日では皇帝ネロの廷臣ペトロニウスとされていて、トリマルキオという成り上がり者が開いた饗宴の様子を描写している。トリマルキオは奇想天外な料理で客の度肝を抜こうとした。例えば、ケシの実とハチミツで味付けしたヤマネ、パイ生地で作り、スパイスを効かせたニワムシクイを詰めたクジャクの卵、生きたツグミを詰めたイノシシなどで、イノシシにナイフが入ると、ツグミが部屋を飛び回った。

このディナーのクライマックスは、3匹の大きな生きた豚がダイニングルームに運び込まれたときで、客たちはどの豚を食べたいか選んでくれと言われた。その直後、豚を調理するには時間が短すぎると思われたが、皿に載せた巨大な豚の丸焼きが運ばれてきた。すると、

ランカシャー地方では、ブラック・プディングは今でもポピュラーな料理だ。

トリマルキオは烈火のごとく怒りだした。調理する前に、豚の内臓を取り除いていないと言い張り、召使いを叱りつけた。そして、テーブルの上で豚の丸焼きから内臓を取り出すよう命じたので、客は恐れおののいた。そこで召使いが豚の腹を切り裂くと、よく焼けた丸いブラック・プディングが飛び出してきて、客たちは驚き、そして安堵した。

プディングは動物の体内に詰めて焼かれることもあるが、そのようなぜいたくができるのはごく一部の人だけで、一般の人々は鍋でプディングを茹でた。17、8世紀には、ブラック(ブラッド)・プディングには豚、ガチョウ、子羊、羊、子牛の血が使われた。豚は他の動物に比べて多産で、育てるのに費用がかからなかったため、一般に豚の血が好まれた。イギリスのプディングは通常オートミールや砕いたパンを使用した。他にもさまざまな食材が使われた。スエット、クリーム、ホウレンソウ、パセリ、エンダイブ、スイートマジョラム、イチゴの葉、ウイキョウの種、塩、コショウ、クローブはすべてプディングの材料になった。17世紀に、作家のロバート・メイは去勢豚の血を使った「イタリア風ブラッド・プディング」のレシピを残している。[1] 特にチーズの種類は規定されていないが、すりおろしたチーズを加えるところが独特で、イタリア風ということのようだ。とは言え、多くの料理人は、独自のレシピを秘密にして、厳重に守った。

この時代は、個々の料理人だけでなく、地方や町もまた独自のプディングを自慢にしていた。スコットランドのアウター・ヘブリディーズ諸島、中でもストーノーウェイという町は、スコットランド・ゲール語で「黒いソーセージ」の意の「マラグ・ドゥ（marag dubh）」と呼ばれるブラック・プディングで有名だった。アイルランドのコークという町は、羊と牛の血を混ぜて作ったドリシーン（drisin）というブラック・プディングで知られている。牛乳でぐつぐつ煮たドリシーンに、バターをたっぷり使ったホワイトソースをかけて供される。ランカシャー州、中でもベリーという町は、一風変わったブラック・プディングで有名で、現在も郷土料理として親しまれている。

ブラック・プディングは露天商も売っていたし、高級レストランでも供され、家庭でも作られた。今日でも人気があり、卵、ベーコン、トマトのソテー、フライドブレッドとともに、有名なイギリスの伝統的なフル・ブレックファストに欠かせない料理でもある。

◉他の国々のブラッド・プディング

他にも、独自のブラッド・プディングが存在する国がある。フランスにはブーダン・ノワール（boudin noir）［「黒いソーセージ」の意］があり、その伝統的な作り方は、豚の血を使い、先に茹でてから油で揚げるか焼くというものだ。しかし、地方ごと――食肉処理者ごとではないにせよ――に違いがある。アルザス地方の郷土料理ツンゲンブルスト（zungenwurst）は、豚のタンを小さく切ってベーコンで包み、牛の腸に詰めて茹でたものだ。ブルターニュ地方ではブーダン・ノワールにプルーンを加えるが、フランダース地方ではレーズンを、オーベルニュ地方ではクルミを加える。品質の良いリンゴで有名なノルマンディー地方では、ブラック・プディングにリンゴを添えて供する。フランスのノルマンディー以外の地方では、マッシュポテトを添えるのが一般的だ。

仏領西インド諸島のマルティニーク島とグアドループ島の名物料理ブーダン・アンティエ（Boudin Antillais）は、タマネギ、コショウ、チャイブなど、さまざまなハーブとスパイスで風味付けしたスープの中で煮たブラッド・プディングだ。これは伝統的に、クリスマスのごちそうとして供される。アメリカのルイジアナ州でも、明らかにフランスの影響が見られる。アメリカではヨーロッパほどブラッド・プディングは知られていなかったが、ルイジアナ州のブーダンは例外だ。ブーダン・ノワールではなくブーダン・ルージュ［「赤いソーセージ」の意］と呼ばれ、豚の脂肪と血、タマネギ、ニンニク、塩、コショウ、オールスパイス、トウガラシ、ナツメグ、クローブ、それにフィーヌゼルブ［フランス料理で使われるハーブのミックススパイス］で作られる。

プディングは材料と香辛料で区別される。スペインでは、ブラッド・プディングには通常、米が使われ、松の実、クローブ、アニス［セリ科の香草］、シナモンなども入る。このプディングはモルシージャ（morcilla）、あるいは、絶品のブラッド・プディングで有名なスペイン北部の町に因んで、モルシージャ・デ・ブルゴス（morcilla de Burgos）と呼ばれる。モルシージャはメイン料理としても、タパス［小皿料理］としても供される。燻製したモルシージャは、アストゥリアス地方発祥のファバーダ・アストゥリアーナ（fabada Asturiana）と呼ばれる豚と豆のシチューに欠かせない材料だ。

ブルートヴルスト（Blutwurst）はドイツのブラッド・プディングで、大麦が主材料だ。アップルソースとマッシュポテトを添えて供されると、ヒンメル・ウント・エルデ（Himmel und Erde）（天国と地獄）と呼ばれる。

イタリアでは、ブラッド・プディングには地方ごとに独自の呼び名とレシピがある。しかしながら、ブッディーノ・ネロ（budino nero）［黒いプディング］はその名から想像されるブラッド・プディングではなく、チョコレートが入ったブレッド・プディングだ。イタリアのブラッド・プディングの名前で最も一般的なのはサングイナッチョ（sanguinaccio）で、甘くない料理《セイボリー》だけでなく、甘いもの《スイート》もある。プーリア州の甘い《スイート》ブラッド・プディングは、豚の血、牛乳、砂糖、チョコレート、ココア、クローブ、シナモン、レモンまたはオレンジの皮、バターで作られる。食材を混ぜたものは、腸に詰めて茹でるのではなく、二重鍋でゆっくりと煮て、装飾が施されたカップに入れ、松の実をトッピングして供される。私の祖母は同じ材料を使ってブラッド・ジャムを作り、ピッツェル（Pizzelle）と呼ばれるウエハースのようなイタリアのクッキーに載せてふるまっていた。私を含め子供たちはこのジャムが――豚の血が入っていると知るまでは――大好きだった。

◉ホワイト・プディング

動物の血や赤身肉を使って作られるプディングの他に、鶏、豚、子牛といった白身肉を使って作る甘くない《セイボリー》ホワイト・プディング、または甘い《スイート》ホワイト・プディングもある。また、魚を使ったホワイト・プディングもあり、こうしたプディングの歴史は、中世のヨーロッパとアジアまでさかのぼる。

ブラマンジェは元々は細かく裂いた鶏肉または魚肉から作られ、牡鹿の角の粉か米でとろみを付け、アーモンドで風味付けした。今日ほとんどの国では、ブラマンジェはシンプルなアーモンドクリームを使ったプディングへと進化している。だが、昔のブラマンジェに近い料理もまだ残っていて、実際にトルコでは人気のある料理だ。トルコでは鶏の胸肉を意味するタヴク・キョウズ（tavuk göğsü）と呼ばれ、細かく裂いた鶏胸肉、米、牛乳、砂糖を混ぜてシナモンで風味付けする。デザートとして供されるが、中世の祖先の料理にとても近い。

ホワイト・プディングの中で最もよく知られているのは、フランスのブーダン・ブラン［「白いソーセージ」の意］だろう。中世に教会へ通う人が、クリスマスイブの真夜中のミサに出席したあと、牛乳で作った粥で暖まったのが始まりだ。豚肉処理者が、粥に卵とひき肉を加え、混ぜたものを腸に詰めて茹でるというアイデアを思いついた。この新しい料理は、時代とともに伝統料理として定着した。通常は豚、鶏、子牛、魚などの白身肉を細かく刻んだものにクリーム、卵、小麦粉またはパンくず、スパイスを混ぜたものを豚の腸に詰め、茹でたり、炒めたり、オーブンで焼いたりする。そのバリエーションの1つがブーダン・ア・ラ・

リシュリュー（boudin à la Richelieu）で、豚の腸ではなく型に入れて加熱し、トリュフ入りのソースをかけて供する。ブーダン・ブラン・オ・プルノー（Boudin blanc aux pruneaux）はブーダン・ブランの回りにプルーンを置いてオーブンで焼いたものだ。フランスでは、今でもクリスマスの時期にブーダン・ブランを食べる伝統が残っている。

イギリスのホワイト・プディングは少なくとも15世紀までさかのぼり、通常豚の肝臓にクリーム、卵、パンくず、レーズン、デーツを混ぜて作られた。風味付けにはクローブ、メース［ナツメグの外皮を乾燥させたもの］、サフラン、砂糖などが使われた。イギリスでは、スエットは別として、肉を使わないホワイト・プディングも作られた。１５８８年に出版された『良き主婦の宝典 *The Good Hous-wives Treasurie*』には、パンをすりおろしたもの、スグリ、卵黄、ナツメグ、シナモン、砂糖、塩、牛のスエットで作るホワイト・プディングのレシピが載っている。エリザベス・ラッファルドの料理本『経験豊富な英国の家政婦 *The Experienced English Housekeeper*』（１７６９年）には、ホワイト・プディングのレシピがひとつだけ掲載されていて、著者は「皮に包まれたホワイト・プディング」と呼んでいる。肉は使わず、炊いた米に、ローズ水に浸して砕いたアーモンド、スグリ、ラード、卵、砂糖、ナツメグ、シナモン、メースを加えて作る。スコットランドではホワイト・プディングにはオートミールが使われるが、ミーリー（トウモロコシ）・プディングと呼ばれる。

アメリカのホワイト・プディングのレシピのひとつは、アメリカで最もポピュラーな料理本、エステル・ウッズ・ウィルコックス著『オハイオ州の料理法と実用的な家事 *Buckeye Cookery and Practical Housekeeping*』に掲載されたもので、「グランマ・トンプソンのホワイト・プディング」と呼ばれている。材料は小麦粉とスエットのみで、塩とコショウで味付けし、「半ヤード(約46センチ)かそれ以下の長さの牛の腸(ソーセージに使う豚の腸と同じようにきれいに洗ったもの)」に詰める。それを茹でてからつるして乾かす。食べるときは、必要な分を切り分け、もう一度茹でてから暖炉の前に置いておくと、皮がパリッとなる。このレシピは料理本の1877年版に掲載されたが、その100年前から「キルト祭り」や「丸太乗り競技」で供されていたとウィルコックスは書いている。

◉プディング愛

今日のフランスとイギリスでは、ブラッド・プディングはお祭りにつきものの料理になっている。イギリスでは、マンチェスターで「ブラッド・プディング投げ世界選手権」が催される。ブラッド・ソーセージを女性用のタイツに詰め、20フィート(約6メートル)の高さに置かれたヨークシャー・プディングの山めがけて投げつけるのだ。ヨークシャー・プディングの山から最も多くのプディングを落とした出場者が優勝する。このイベントは、薔薇戦争におけるランカスター家とヨーク家の戦いに基づいたものと言われている。そう言われると、弾丸を撃ち尽くして、たがいに食べ物を投げつけはじめた兵士のように見える。今では人々はプディングめがけてプディングを投げつけている。

フランスでは、毎年3月にノルマンディーで「フォア・オ・ブーダン（プディング・フェア）」が開催される。これはプディングを投げつけるのではなく、食べるイベントだ。最高のブラック・プディングを決める国際的なコンテストで、ブラッド・ソーセージ騎士同盟が主催し、毎年数百名の出場者を引き寄せている。

第3章◉ミート・プディング

腸詰一族の偉大な王よ
ロバート・バーンズ、『ハギスのために』、1786年

世界中の数あるミート・プディングの中でも、スコットランドのハギス（haggis）ほど有名なものはない。『オックスフォード英語辞書』はハギスをこう定義している。

羊、子牛の心臓、肺、肝臓等（時には胃袋や豚の腸）から作る料理で、スエットやオートミールとともに細かく刻み、塩、コショウ、タマネギ等で味付けして、大きなソーセージのように動物の胃に詰めて茹でたもの。

だが、この簡単な定義では、「プディング族の偉大なる首領」を十分に表現できているとは言えない。

ハギスは、賛否両論はあるが、単なる料理以上のもので、スコットランドの国を代表する名物なのだ。ハギスと言えばスコットランドと思われがちだが、最初にそのレシピが登場したのはスコットランドではなく、イギリスの料理本だった。熱烈な愛好者からは畏敬の念をもって丁重に扱われるが、好ましく思わない人々からは冷笑を受けている。ハギスを愛する人々がいるのと同じくらい、その材料と匂いを不快と感じる人々が存在する。

ハギスの最古のレシピは、1588年にイギリスで出版された『良き主婦の宝典 *The Good Hous-wives Treasurie*』だ。「ハガス・プディング(Haggas Pudding)」という名で、「レントン・プディングの作り方」と「ソーセージの作り方」の間に表示されていて、解説はない。レシピは「子牛の臓物を用意し、彼(he)を茹でて、冷めたら細かく切る」で始まる。それから「彼」にパンをすりおろしたもの、卵黄、ハーブ、スグリ、ナツメグ、塩を混ぜる。プディングの加熱方法やどのように供するかについては何の記述もない。当時ハギスは多くのプディングのひとつに過ぎず、もてはやされることもなければ名物でもなかった。ありふれた料理であり、さらに言えば、安上がりな料理だった。

それから1世紀を経て、ロバート・メイは『熟達した料理人 *The Accomplisht Cook*』に「羊のハギス・プディング」という見出しを付けてハギスのレシピを3つ掲載している。ひとつ目はオートミール、スエット、スパイス、卵、バターから作られる。牛と羊のスエットは別にして、肉は含まれていないので、断食の日にはスエットなしでも作れるだろうと書いている。ふたつ目もオートミールが主材料で、スエット、クリーム、スパイス、タマネギ、ハーブを加え、羊の胃袋に入れて加熱する。最後のレシピは子牛の胃袋、内臓、腸を使い、きれいに洗い、茹でて細かく刻む。それにパンをすりおろしたもの、卵、さまざまなハーブとスパイス、スグリ、デーツを加える。このプディングは布で包むか子牛の胃袋に入れて茹で、砂糖、柔らかくしたバター、スライスアーモンドを添えて供する。

ハナー・グラスはプディングを「スコットランドのハガス（Haggas）」と呼び、レシピをふたつ残している。ひとつは「子牛の肺臓、心臓、腸」にスエット、小麦粉またはオートミール、塩、コショウを加えたものだ。グラスによると、調理人によってはクリーム、メース、クローブまたはナツメグを加えることもあり、「オールスパイスを加えると風味が各段に良くなる」と書いている。もうひとつは、「果物で甘味を出す」という見出しがついていて、ひとつ目のレシピにスグリ、レーズン、半パイント（約280ミリリットル）のサック酒［辛口の白ワイン］を加えたもので、どちらも子牛の胃袋に詰めて茹でる。ふたつ目のレシピはこう結ばれている。「胃袋に入れて茹で、そのままテーブルへ運ぶこと[1]」

◉ハギス万歳

スコットランドの詩人ロバート・バーンズは、スコットランド人農民の飾り気のない方言を使って詩を書いた。1786年に、この素朴なプディングをテーマに、やがて彼の代表的な詩のひとつとなる『ハギスのために』という詩を作った。8連詩のうち、第1連と第3連を以下に挙げておく。

正直なおまえの笑顔に幸いあれ！
腸詰一族の偉大な王よ、
おまえはその連中の上にどっかと腰をおろしている、
胃袋や腸や内臓の上に。
おまえはおれの長い腕くらい
長ったらしい食前の祈りにふさわしい立派な食べ物だ。

……

見ろ！　田舎者労働者がナイフをぬぐい、

ニープス＆タティーズを添えた丸ごとのハギスとウイスキーは、ロバート・バーンズの誕生日の伝統的なメニューだ。

器用におまえを切り刻んでいく。
切り込みを入れるたんびに、
鮮やかな中身がどっとあふれ出る、まるでどこかの溝のように。
そして、その時、おお、なんという神々しい姿か、
もうもうと湯気が立ちのぼり、なんと豪勢なことか。
（『ロバート・バーンズ詩集』［ロバート・バーンズ研究会訳。国文社。２００９年］より引用）

バーンズによって神聖化されたハギスは、さまざまな儀式を伴い、スコットランドの新年を祝う行事ホグマネイで出される伝統的な料理となった。式次第によると、キルトを身につけたバグパイプ奏者がプディングのテーブルへの到着を告げる。そして、その夜の飲み物は、言わずと知れたスコッチウイスキーだ。

1月25日のロバート・バーンズの誕生日には、世界各地でハギスが食され、行事が行われる。今日では、バグパイプ奏者による演奏にのってハギスがダイニングルームへ入場したあと、指名を受けた人がこの有名な詩を朗読する。詩の3連目の冒頭の「見ろ！　田舎者労働者がナイフをぬぐい、器用におまえを切り刻んでいく」というところで、朗読者がプディングにナイフを入れると、中身があふれ出し、客たちから歓声が上がる。

A Conceited little Boaster - to pretend to be weigh'd against me : does he think I eat Beef and pudding for nothing.
Pub. Dec. 1803, by W. Holland, No. 11 Cockspur Street London.
BRITANNIA weighing the FATE of EUROPE ;
or
JOHN BULL too heavy for BUONAPARTE.

『ヨーロッパの運命を天秤にかけるブリタニア［イギリスを象徴する女神］。ジョン・ブル［イギリスの国家の擬人化］はボナパルトよりはるかに重い』（1803年、手彩色の銅版画）牛肉とプディングのおかげで、ジョン・ブルの重みはナポレオンを易々と上回っている。

このプディングにはニープス&タティーズ［カブに似た野菜のルタバガ（スウィードとも呼ばれる）とポテトをマッシュした料理］が添えられるのが決まりで、メニューにはその他にもさまざまなスコットランドの伝統料理が並ぶ。客たちの多くはスコットランドの民族衣装を身につけている。少量のウイスキーでまずハギスに乾杯し、次にロバート・バーンズに乾杯するのが習わしだ。かつてこのパーティーは男子のみという制限があったが、男子限定でない場合は、主人とその妻は多くの客人とともに、バーンズの誕生日を良い口実にして、大いにスコッチウイスキーを楽しんだ。

薄く切ってソテーしたハギスは、バグパイプ奏者なしでも、朝食も含めて普段の食卓でも食される。今日では市販品もあり、ベジタリアン用のハギスはレンズ豆、黒豆、オートミール、タマネギその他の野菜から作られる。

●プディングの材料としての肉

17世紀になると、ハギスの材料は、プディングの材料として特に珍しいものではなくなった。羊肉、牛の脚、豚の肝臓、七面鳥など、あらゆる種類の肉がプディングになった。ロバート・メイは若い雌牛の乳房でプディングを作った。乳房を茹で、細かく刻み、アーモンド

JOHN BULL in his GLORY.
Contented in his present State.
Behold JOHN BULL supremely great.
With each domestic Blessing;
No anxious Cares do him molest.
His Mind's at Ease his Heart's at Rest.
With Comforts past expressing.
Surrounded by his Family.
Joining their Song with merry Glee.
They make his Mans'on ring;
But if he's rous'd when Cause is good.
To the last drop he'll spill his Blood.
For ENGLAND and his KING.
Now view the horrid sad Reverse;
The Leveller's _ Republic's Curse.
Frenchmen's new fangled Laws;
And if there's doubt of choice then pray.
Look at the starv'd and lifeless clay.
Tears. Dagger. Rope and Straw.

『ジョン・ブルの栄光の日々』。この18世紀の手彩色の銅版画は、幸福で満ち足りた家族がプラム・プディングやローストビーフなど、典型的なイギリス料理を楽しんでいる様子を描いている。

ペースト、パンくず、卵、クリーム、刻んだ牛のスエット、ハーブ、骨髄、スグリ、砂糖、サフラン、ナツメグ、シナモン、角切りにした洋ナシの砂糖煮と混ぜる。それをプディングクロスに包み、ボールのような形にして固く縛り、火が通るまで蒸す。そして、ひっくり返して器に空け、溶かしたバターをかけ、アーモンド、デーツ、砂糖漬けのレモン、オレンジまたはシトロンの皮を飾る。最後に、オレンジの果汁を全体にかけた。

肉と甘いものとの組み合わせは定番だった。17世紀後半から18世紀前半にかけては、多くのプディングには甘いものと甘くないもの《スイート　セイボリー》がどちらも使われていたが、そこから徐々にプディングはスイートの方へ移行していった。例えば、ハックまたはハッキン・プディングは、イギリス北西部の伝統的な甘いクリスマス料理だが、少なくともひとつのレシピでは、肉は付け足し程度に使われている。そのレシピは、1728年に出版されたケンブリッジ大学植物学教授リチャード・ブラッドレー著『田舎の主婦と淑女の指南書 *The Country Housewife and Lady's Director*』に出ている。ブラッドレーはそのレシピを「カンバーランドの紳士」から教わったと書いている。材料は牛のスエット、リンゴ、砂糖、塩、スパイス、レモンの皮、スグリ、一晩牛乳に浸しておいたオートミールで、ブラッドレーは溶き卵も加えるよう勧めている。これらの材料を混ぜ合わせ、「子牛の胃袋」に詰め、「十分に火が通るまで」茹でる。ブラッドレーはレシピの最後に、「言い忘れたが、材料には細かく切った牛の赤身肉も加えるように」と書いている。

ブラッドレーによると、プディングは「クリスマスの朝、ドアを開けたところに」置いておき、「その家の仕事」をしてくれる若い男たちにふるまうのがしきたりだった。事実、クリスマスの朝食に準備できていることがきわめて重要で、もし準備できていないと、女中は重い代償を払うことになった。ブラッドレーはこう書いている。

夜明けまでに料理が準備できていないと、女中はふたりの男の間にはさまれて、全速力で丘を駆け上がり、また駆け下りて、街中を連れ回された。これは女中にとって大変恥ずかしいことだった。(2)

◉ステーキ&キドニー・プディング

ステーキ&キドニー（腎臓）・プディングは、しばしばイギリスの国民的料理と考えられているが、初めて料理本に登場したのは19世紀になってからだ。ステーキ・プディングはもっと早くから登場していたが、ステーキは牛肉とは限らなかった。ハナー・グラスは「ステーキ・プディング」のレシピを１７９６年版の料理本に掲載していて、「ステーキは牛肉か羊肉が望ましい」と書いている。グラスは肉に塩とコショウで味付けするよう指示しているが、それ以外の材料には言及していない。肉はスエット入りの生地に混ぜて、プディングクロスに包んで茹でた。アメリカで再版されたイギリスの料理本、スザンナ・カーター著『質素な主婦：または完全な女性の料理本 *The Frugal Housewife: or, Complete Woman Cook*』（1803年）では、著者はスエット入りの生地を半インチ（約1・5センチ）の厚さに伸ばし、その上に塩とコショウで味付けしたステーキ――「牛肉か羊肉」――を載せ、プディングクロスに包んで茹でる。マリア・ランデル著『家庭料理の新たな仕組み *A New System of Domestic Cookery*』の1807年度版には、「ステーキまたはキドニー・プディング」のレシピが掲載されていて、プディングはベイスンに入れて蒸した。

それから50年以上経って、エリザ・アクトンは料理本『個人家庭向け現代料理法 *Modern Cookery for Private Families*』の1864年度版に、ステーキ・プディングのレシピを3つ掲載しているが、どれも腎臓は使われていない。アクトンの「ビーフステーキ、またはジョン・ブルのプディング」の材料は、きれいにカットしたランプステーキと、塩、コショウまたは赤唐辛子、それにグレービーソースを作るための水だけだ。それを、スエット入りの生地に包んで蒸す。「真の美食家」向けバージョンは、サーロインと丸々とした生ガキを交互に重ね、その間に薄くスライスした子牛の脂肪をはさんだ。

『イングランドの聖ジョージ』（1781年、銅版画）画面下に「見よ、栄光あるイギリスの食物とともにある聖ジョージを／高貴なサーロイン、濃厚なプディング、そして強いビール」とある。

アクトンのステーキ・プディングのひとつに、チャールズ・ディケンズに敬意を表したものがある。彼女は「ルース・ピンチのビーフステーキ・プディング」と呼んだが、「ビーフステーキ・プディング・ア・ラ・ディケンズ」としても知られていると書いている。アクトンは『マーティン・チャズルウィット』［北川悌二訳。筑摩書房。1993年］から着想を得た。この小説の中でディケンズは、ルース・ピンチが兄のトムのためにステーキ・プディングを作ろうとする場面を描いている。この若い娘は料理には不慣れだったので、こんなごちそうが作れるかどうか自信がない。そして、こう言うのだ。

でも、はじめてのお料理ですっかりうまくはいかなくとも」妹は口ごもって言った。「それがきちんとプディングにはならなくて、シチューかスープか、なにかそんなものになっても、兄さんはプリプリしたりはしないでしょうね、トム、どう？」

（前掲書より引用）

トムはプリプリせずにすんだ。見事にプディングが完成したのだ。しかしながら、普通は生地にスエットを入れると知らなかったルース嬢は、バターを入れて作った。そのため、アクトンの「ア・ラ・ディケンズ」のレシピもスエットではなく、バターを使っている。

湯気を立てるステーキ＆キドニー・プディングとグリーンビーンズ。ボリューム満点の食事だ。

19世紀中頃までには、ステーキ&キドニー・プディングが出現していた。当時料理本の定番とされていたビートン夫人の『家政読本 *Book of Household Management*』には、2ポンド（約900グラム）のランプステーキと腎臓を2つ使う詳細なレシピが掲載されている。このレシピは「サセックスのあるご婦人から教わったもので、この地方は甘くない《セイボリー》プディングで有名だ」と、ビートン夫人は書いている。夫人によると、このプディングは肉が細かく切ってあるところが、大方のプディングと異なるという。「食べてみると、このプディングは、大きな肉が入っているものよりはるかにおいしく、肉汁もたっぷり含まれることがわかるだろう」。そして、「カキまたはマッシュルームを少し加えると、さらに風味が増し」、スエット入りの生地で縁取りしたベイスンに入れ、別の生地でふたをし、クロスに包んで茹でるのが良いそうだ。

ステーキ&キドニー・プディングの一種として、アメリカ人の料理本作家エリザ・レスリーの『婦人のための料理本 *The Lady's Receipt-Book*』（１８４７年）に、鹿肉とクリを使ったプディングのレシピが掲載されているが、これもスエット入りの生地に包んでオーブンで焼くというものだ。20世紀になるとオーブンが普及したため、蒸したり茹でたりするステーキ&キドニー・プディングより、オーブンで焼くキドニー・パイの方が一般的になった。

第4章 ◉ スエット・プディング

プディングを作るためには、オートミールだけでなく、スエットも必要だ。
ジェームズ・ハウエル、『箴言集 *Proverbs*』、1659年

スエットとは、子牛の腎臓の周囲に見られる白い脂肪組織で、イギリスでは16世紀から、甘い《スイート》プディングと甘くない《セイボリー》プディングのどちらにも最適な脂肪として使われていた。だが、スエットは単なるプディングの材料以上のものだった。きわめて身近な食材だったので、プディングだけでなく、ことわざにもよく使われた。また、重要な食材だったために、多くの料理本で、例えばプレーン・スエット・プディング、レモン・スエット・プディング、ケント人のスエット・プディングのように、プディングの名前に「スエット」という言葉が使われた。ある18世紀の手書きの料理本には、スエットの代わりにバターを使ったプディングの名前にさえ使われている。そのレシピのタイトルは、「スエットを使わないスエット・プデ

イング」だ。

最もシンプルなスエット・プディングの材料は、約700グラムの小麦粉またはパンくず、水または牛乳少々、塩少々、それに約225グラムのスエットだ。これらの材料を混ぜて柔らかい生地を作り、蒸すか茹でるかして、ソースを添えて供する。こうしたプディングは食事の最初に出されることが多かった。そうするとお腹が満たされるので、他の料理はあまり食べられなくなる。このことは、こってりしたスエット・プディングが下級階層の人々には人気があるのに、富裕層から軽蔑された理由のひとつだ。

スエットが好まれた理由としては、融点［固体が液体になり始める温度］が高いために、他の脂肪では出せない軽さが出せることと、味が淡泊でプディングの風味を損わないことが挙げられる。料理人の多くは牛のスエットを好み、他の脂肪より優れていると考えた。18～19世紀のレシピは、スエットがプディングに完全に溶けこみ、繊維状のかたまりを残さないように、下ごしらえは丁寧にするよう強調している。これは簡単な作業ではない。まず、皮、繊維、血のついた部分を切り取る必要がある。それが終わると、スエットを細かく刻んで、小麦粉の中に放りこむ。そうすることで、スエット同士がくっつかない。これでやっとスエットをプディングに使う準備が完了する。

19世紀後半、イギリス在住のフランス人ガブリエル・ユゴンのおかげで、スエットの下ごしらえは簡単になった。妻がスエットの下準備に苦労しているのを見て、ユゴンはもっと良い方法があるはずだと考えた。そして、1893年、家庭用にあらかじめ細かく刻んだスエットを開発し、スペイン語で雄牛を意味する「トロ（toro）」に因んで、「アトラ（Atora）」と名づけた。スエットを溶かし、冷ましてから丸穴が開いたプレートに通す。すると、細かくちぎれた状態のスエットが出てくる。それに小麦粉をまぶし、包装して、食料品店を通して販売した。1940年頃には、ヘレフォード種の雄牛が曳く派手な色のアトラ・スエットの荷馬車が、新製品を宣伝して回った。

●ローストビーフ

イギリス人は偉大な肉食民族という定評があり、ローストビーフとの強い絆を誇りにしているとは言え、すべてのイギリス人が生まれつき大量の牛肉を食べる権利をもっているわけではない。多くのイギリス人にとって、ローストビーフは高嶺の花だった。実際のところ、特に19世紀には、新鮮な肉はどれもぜいたく品だった。一般家庭では、大きな肉の塊を出すより、いかにして家族全員に少しの肉を食べさせるかに苦慮していた。

19世紀末のオックスフォードシャーの田舎の貧しい人々の生活を見事に描いた『ラークラ

『憧憬 *Admiration*』より、1800年のトマス・ローランドソンの手彩色の銅版画。腹を空かせた少年がプディングを憧れのまなざしで見つめている。

イズ』〔石田英子訳。朔北社。2008年〕3部作（1941〜1945）で、著者フローラ・トンプソンは、日曜日あるいは特別な日には時折、「トード（ガマガエル）」と呼ばれる「ミート・プディングを作るために6ペンス分の肉を買ってきた」と書いている。「肉はスエット入りのパイ皮でくるんで芯までゆでる。そうすれば、おいしい肉汁が閉じこめられ、絶品のプディングが完成する」

肉が入らないプディングは甘い味付けにした。だからといってデザートにはならなかった。トンプソンはこう書いている。

普段は果物やスグリ、ジャムなどの入ったローリーポーリー・プディングを作ったが、これもコース料理の最初に供された。食欲を抑えるための料理なのだ。

果物やジャムもないとき、プディングはスエット入りの生地だけで作られたのだろう。燃料を節約するために、野菜と一緒に大鍋の中で茹でる。何も入っていないプディングは、食卓においてパンの代わりに食された。茹でたプディングを薄切りにし、グリルでこんがり焦げ目がつくまで焼いた。肉を串に刺して焼くときは、その肉汁を薄切りにしたプディングにかけて風味を付けた。

牛肉を買う余裕のない人でも、豚肉なら買えたかもしれない。豚は自分でエサをあさるし、人間の食べ残しを食べるので、一般家庭で飼われた唯一の動物だった。その結果、豚への評価は高まった。トンプソンはこう書いている。

どこの家でも豚は大切な家族の一員で、豚の健康状態は、家を出て働いている子供たちへの手紙の中でも、弟妹の近況と同じように報告されていた。（前掲書より引用）

食肉処理された豚は、血、ラード、肉、ベーコンを提供してくれる。ベーコンは、少量ではあるが、ほとんど毎日のように食卓に登場した。夕方になると、農作業から戻った男たちや、学校から帰ってきた子供たちのために、温かい肉料理が供されたが、トンプソンの家族や隣人たちの食事は質素なものだった。

一人あたり一口より僅かに大きい角切りベーコン、ネットに入れたキャベツや他の野菜、ジャガイモを入れた別のネット、布巾にくるんだプディング全部が、同じこの大鍋で調理された。ガスや電気を使う今の時代からみると原始的な調理法のようだが、これはこれで合理的だった。それぞれの料理は鍋に入れるタイミング、ゆでる時間に差があり、その違いはきちんと守らなくてはならないし、鍋の温度が下がらないよう火力にも気を配らなくてはならない。そして、それぞれの料理がおいしくでき上がった後には、野菜の煮汁やジャガイモの皮、野菜の切りくずなどが全部豚の餌になるのだった。

（前掲書より引用）

ひとつの鍋でつつましい食事を調理することは珍しくもなく、また、オーブンの登場によって完全に終わりを迎えたわけでもなかった。1926年2月20日、3層構造のアルミニウム製蒸し器の広告が雑誌『ウーマンズ・ライフ *Woman's Life*』に掲載された。この蒸し器の使い方は、トンプソンの鍋とほとんど同じだった。広告文にはこう書かれていた。

いよいよ冬が到来し、甘くない《セイボリー》ミート・プディングの季節がやってきました。この蒸し器を使えば、スエット入りの生地を素晴らしく柔らかく、食欲をそそるものに仕上げることができます。蒸し器の上の層では皮付きのジャガイモでも、たっぷり入れた芽キャベツでも完璧に調理でき、ほとんど失敗することはありません(1)。

◉スエットが入ったスイート・プディング

19世紀のロンドンでは、ウナギからホットクロスバン〔十字の飾りがついた菓子パン〕まで、あらゆるものと同じように、スエット・プディングも店で売られ、行商人が通りを売り歩いた。そのようなプディングの中で最も一般的だったのがプラム・ダフ、すなわちレーズン入りの茹でたスエット・プディングで、ひとつ半ペニーで売られていた（イギリス北部ではdough《ドウ》〔生地〕をduff《ダフ》と発音する）。若い行商人たちはプディングが大好きで、誰かが普段よりたくさんレーズンが入ったプラム・ダフを売り歩いていると聞くと、行商する通りをそちらの方向へ変更し、一切れ買ったという。

レーズンやスグリの入ったスエット・プディングは、イギリス中どこでも見られた。これはプディングクロスに包んで茹でたり、型に入れて蒸したり、焼いたりして作られた。レシピが少し違うだけで、まったく別のプディングのように、違う名前が付けられた。スポッテッド・ディックはとりわけ学童たちのお気に入りだった。スエット入りの生地を伸ばし、その上にレーズンと砂糖を広げ、それをロールケーキのように巻いて棒状にして蒸す。スポッテッド・ドッグは、基本的に材料は同じだが、スポット（点）の由来であるレーズンを生地に混ぜこんで作る。ボイルド・ベビーもレーズン入りのスエット・プディングの一種で、不

ポール・サンドビー『プディング、プディング、ホット・プディングはいかが』（1760年、銅版画）18世紀のロンドン市街では、リンゴからオレンジまであらゆるものを行商人が売り歩いていて、ホット・プディングもそのひとつだった。

快な名前にもかかわらず広く愛されている。パトリック・オブライアンの歴史小説『英国海軍の雄ジャック・オーブリー』シリーズ（早川書房）の『慰めのナツメグ *The Nutmeg of Consolation*』（未邦訳）で「最高のスエット・プディング」として描かれているように、ボイルド・ベビーは主人公であるジャック・オーブリー艦長の「大好物」だった。

このプディングは、スエット入りの生地に他の材料をすべて混ぜ合わせて作る。艦長のお気に入りのプディングには、さまざまなドライフルーツと糖蜜が入っているが、グラニーズ（おばあちゃんの）・アイリッシュ・プディングにはママレード、ショウガ、ラム酒、ギネス［アイルランド産の黒ビール］が入る。スエット入りの生地を伸ばし、ジャムまたはママレードを塗って丸めて蒸したものは、ジャム・ローリーポーリーと呼ばれる。ジャムの代わりにひき肉、レモンの皮、糖蜜、リンゴが使われることもある。

また、料理人はプディング型にスエット入りの生地を敷きつめ、その中にありとあらゆる材料を混ぜ合わせて詰める。ルバーブハット・プディングの中身は新鮮なルバーブ、パンくず、ショウガで、ブラックベリー・エクセターには、ブラックベリーと細かく刻んだリンゴを混ぜたものが詰められる。サセックス（あるいはサフォーク）・ポンド・プディングには、中にレモンが丸ごと1個入っていて、バターと砂糖で覆われている。このプディングは蒸したあと深皿に空けるが、切り分けると、たっぷりのバター・レモンソースが流れ出てくる。

サセックス・ポンド・プディングからは、甘酸っぱいレモンソースがあふれ出る。

これがポンド（池）と名づけられた所以《ゆえん》だ。

1908年、楽しい『ピーターラビット』の絵本で知られる著者ビアトリクス・ポターは、『ねこまきだんご *The Roly-Poly Pudding*』［後に『ひげのサムエルのおはなし *The Tale of Samuel Whiskers*』〔いしいももこ訳。1988年。福音館書店〕に改題］というあまり有名ではない物語を書いた。この物語では、年寄りネズミのひげのサムエルが子猫のトムをつかまえ、これはおいしそうなプディングになりそうだと考える。そして、妻のアナ・マライアに、「夕食に子猫のダンプリング・ローリーポーリー・プディングを作ってくれ」と頼む。子猫のトムはその前に煙突に上っていたために、すすまみれだったが、アナ・マライアはトムをプディング生地で巻いて、茹でる支度をする。幸い、トムは救出され、悲劇的な運命から免れて家へ帰る。すると、トムの母親はプディング生地を再利用し、「すす汚れを隠すためにスグリを入れ」たプディングをつくる。これは文学作品に出てくる、あまり食欲をそそらないプディングのひとつだ。

◉スコットランドのスエット・プディング

クルーティー・プディングは、クルーティー・ダンプリングとも呼ばれ、スコットランドの名物料理だ。クルート、すなわちクロスに包んで茹でることからこの名がついた。今日でも作られていて、材料に特に決まりはなく、家族の好きなものを入れればよい。通常は小麦粉とパンくず（あるいはどちらか）、牛乳または水、それにスエットを混ぜて作る。時と場合、それに予算に応じて、スパイス、砂糖、レーズン、黒蜜、糖蜜、すりおろしたリンゴ、ニンジン、少量のラム酒などが加わる。ダブルクリーム［乳脂肪分が48％の生クリーム］を添えて供されることが多い。残ったプディングは薄切りにして、ベーコンや卵と一緒に油で焼いて朝食に出す。普段の日は、フルーツやスパイスが入っていない平凡なスエット・プディングを食べるが、休日や特別な日、それに「ダフト・デイズ」、いわゆるクリスマスの時期の陽気に浮かれ騒ぐ日々には、フルーツやスパイスが入っているものが供される(2)。

●学校でのスエット・プディング

腹持ちのよいスエット・プディングは、活動的な若い学生が腹を満たすのにぴったりの食べ物だった。そのため、多くのイギリスの学校や大学は、独自のプディングを自慢にしていた。その初期の例としては、17世紀にさかのぼるケンブリッジ・プディングがある。これはデーツとスグリで風味付けして茹でた、シンプルなスエット・プディングだ。

ニュー・カレッジ・プディングは、1379年創立のオックスフォード大学に因んで名づけられたが、もっと個性的だ。材料はよくあるスエット、小麦粉またはパンくず、スグリ、レモンの皮、砂糖、ナツメグ、卵、それにブランデーが入ることもある。これらを混ぜたものは小さな団子状にまとめて、オーブンで焼いたり蒸したりせずに、油で焼く。『ベスコッド夫人のレシピ集―1757年 *Mrs Bescod's Book of Receipts -1757*』という手書きの料理本にはこう書かれている。「プディングは卵の形に成形し、きれいな焦げ茶色になるまでバターの中でコトコト煮て、バター、砂糖、サック酒をかけて供する」

19世紀のオックスフォード大学のもうひとつのレシピは、ブレーズノーズ・カレッジのもので、「ヘロドトス・プディング」と呼ばれた。材料は牛のスエットのひき肉1ポンド(約450グラム)、パンくず、レーズン、イチジク、砂糖、シェリー酒、レモンの皮で、14時間茹でる。このレシピのバリエーションは同時代のイギリスとアメリカの多くの料理本に登場し、しばしば「本物の伝統的レシピ」という前置きが付いていた。アメリカの料理本作家ジェーン・カニンハム・クロリーは、以下のようなコメントを付けている。

このレシピは本当にヘロドトスの著作の中から発見された。その中に書かれた唯一のバリエーションでは、砂糖をハチミツに、シェリー酒を古代ギリシャのワインに置き換え

蒸したスエット・プディングは多種多様なプディング——甘いものも辛いものも含めて——の基本だ。

ている。スエットの量と茹でる時間を半分にしたのは改良点だと思われる。(3)

ほぼ同じプディングだが、「ヘロドトス」ではなく「フィギー（イチジク入りの）・プディング」と呼ばれるものは、伝統的にパーム・サンデー〔復活祭の前の日曜日を指し、イエス・キリストが受難に先立ちエルサレムに入城した際、民衆が枝をかざして祝ったことに由来する〕またはクリスマスの時期に供される。フィギー・プディングと言えば、『おめでとうクリスマス *We Wish You a Merry Christmas*』の歌詞が思い浮かぶ。

ああ、フィギー・プディングを持ってきて
ああ、フィギー・プディングを持ってきて
ああ、フィギー・プディングと楽しい気分を持ってきて
食べるまでどこへも行かないよ
食べるまでどこへも行かないよ
食べるまでどこへも行かないよ、だからここへ持ってきて

第5章◉クリスマス・プディング

人生はプラムがいっぱい入ったプディングのようなものだ。
W・S・ギルバート&アーサー・サリヴァン、オペラ『ゴンドラの漕ぎ手 *The Gondoliers*』、1889年

プラム・プディング、またはクリスマス・プディングは、スエット・プディングの代表であり、理想だ。これが私たちが知っているプラム・プディングだ。クリスマスカードに描かれ、毎年のように読むディケンズの『クリスマス・キャロル』で登場人物ボブ・クラチットが褒めそやしているのはこれだ。だが、ディケンズが称賛した19世紀の祝祭日に食べるプディングへ発展するには、長い年月がかかった。

プラム・プディングは、作られはじめたときはもっと質素なものだった。16世紀には、肉類、根菜、ドライフルーツが入ったポリッジ［水または牛乳でオートミールなどを煮た粥状の

もの」で、パンくずでとろみをつけていた。時が経ち、プディングクロスが開発されるとともに、どっしりしたプディングが作られるようになった。こうしたプディングは長い間、食事の際に最初に供された。やがてこの料理から肉が消え、「プラム」が入ったスエット・プディングになったが、実際にはワインやブランデーでふやかしたレーズンが使われた。最も地味なものは、行商人が売り歩いたプラム・ダフだが、最も豪華なものは王族に好まれ、童謡の歌詞にも使われている。

アーサー王が初めて国を治めたとき、
王らしく統治した。
大麦の粗挽き粉を3袋買って、
プラム・プディングを作った。

プディングを作って、
プラムをたっぷり詰め、
親指2本分ぐらいの大きさの
スエットのかたまりを詰めた。

王様と女王様はプディングに向かって座り、
家臣全員がその横に座った。
そして、その夜食べきれなかった分は、
翌朝女王様が油で焼いた。

17世紀中頃になると、プラム・プディングはより豪華になり、クリスマスに付きもののごちそうになった。とは言っても、1647年、オリバー・クロムウェルと清教徒が起草した『人民協定』では、クリスマスの行事もお祝いのプディングも禁止された。彼らはプディングを、ユールログ［クリスマスの前夜祭に大きなまきを燃やす風習。そのまきに似たケーキにもこの名が付いている］のような異教徒の伝統的な祭りや、人形によるキリストの降誕の再現模型に見られる偶像崇拝に影響を受けたものと見なしたのだ。彼らはクリスマスの祝宴や酔っぱらいのお祭り騒ぎを毛嫌いし、クリスマスは祈りと内省で過ごすべきだと考えた。だが、1660年にチャールズ2世が王位に就くと、禁止は撤廃され、プラム・プディングでお祝いするクリスマスが復活した。

プディングという料理がその地位を確立したのは18世紀初頭、「プディング王」の異名を

ファーザークリスマス（サンタクロース）によって高く掲げられた素晴らしいプディング。19世紀後半から20世紀初頭の『センチュリー』誌のクリスマス号の表紙、ルイス・リードによるイラスト。

The Plumb-pudding in danger; or State Epicures taking un Petit Souper
"the great Globe itself, and all which it inherit" is too small to satisfy such insatiable appetites

ジェームズ・ギルレイ『危機に瀕したプラム・プディング；またはちょっとした食事を取る食い道楽の政治家たち』（1805年、手彩色の銅版画）イギリス首相ウィリアム・ピットとナポレオンは世界を切り取って食べようとしている。

とったジョージ1世の治世だった。

その後、ヴィクトリア女王の時代には、クリスマスはかつてないほど華やいだ、家族で祝う行事になった。ヴィクトリア女王とドイツ生まれの夫アルバート公は、『クリスマス・キャロル』の改心後のエベネーザ・スクルージのように、クリスマスの正しい過ごし方を知っていた。ごちそうを用意し、贈り物を交換し、臣民もできる範囲で同様に過ごすよう奨励した。1848年、『イラストレイテド・ロンドンニュース』紙は王室メンバーがクリスマスツリーの周りに集まっている木版画を掲載した。これが転機となって、クリスマスはドイツの伝統から、イギリスにおける制度化された祝日となり、それが後にアメリカへ伝わった。プラム・プディングはそのかなり前からデザートとして一年中食べられていたが、クリスマスには欠かせない料理だった。あまりお金のかからないデザートだったが、それでも小さなプディングさえ買えないことを恐れたイギリスの女性たちは、プディング積立貯金を始めて、クリスマスの必需品を買うお金を準備した。

プラム・プディングの最も基本的な形はシンプルなスエット・プディングで、パンくずまたは小麦粉（あるいは両方）、レーズンまたはスグリ（あるいは両方）、ブラウンシュガー、スエット、卵、塩、シナモンを入れて作る。よりぜいたくなレシピでは、フルーツの皮の砂糖漬け、アーモンド、リンゴ、ニンジン、オレンジ、レモン汁、ナツメグ、メース、ブランデーなどを加えた。プディングは通常ソースをかけて供するが、菓子職人が作る砂糖とバターのソースから、ブランデーやラム酒を加えた複雑なソースまでさまざまだった。「ハードソース」という言葉をよく耳にするが、これは「強い酒《ハード》」が入っているという意味ではない。液体状のソースではなく、アイシングのような濃度のあるソースという意味だ。

◉伝承と伝統とプディング

ディケンズは1843年に出版された『クリスマス・キャロル』では一度も「クリスマス・プディング」という言葉を使っていない。単に「プディング」と書いている。「まるでレーズンの斑点《はんてん》がついた砲弾のようだった。固くずっしりと重く、ほんの少し振りかけて火をつけたブランデーの炎が揺らめいて、てっぺんにはクリスマスのヒイラギが飾ってあった」と描写している。これはボブ・クラチットのわずかな給料でクラチット家が買える、質素なプディングだ。小さなプディングだが、クラチットは「ああ、なんとすばらしいプディング！」、「大家族が食べるにしては小さいプディングだなんて、だれも言わなかったし、心に思い浮かべすらしなかった」と言っている。

「クリスマス・プディング」という名前が最初に印刷物で使われたのは、アンソニー・トロロープの小説『ソーン医師』（1858年）〔木下善貞訳。開文社出版。2012年〕だ。この小説では、悲しいことに、聖職者カレブ・オリエルは、クリスマス・プディングをひとりで食べなければならなかったようだ。

ディケンズは、七面鳥やプラム・プディングを供する場面を描くことで、クリスマスの楽しさや寛大なもてなしを広く世間に伝えた。だが、プディングを称賛した作家はディケンズ

アトモア社のミンスミート（ひき肉）の広告、1870～80年。プディングの周囲の炎を紳士の頭の巻き毛に似せて、笑いをとっていることに注目。

だけではない。ジョージ・エリオットは『フロス河の水車場』（1860年）でこう書いている。

乾葡萄入りのプディングは例年のとおりみごとにまるくできあがった。そして胃弱の清教徒たちに投げこまれた地獄の業火のなかから勇敢にもとりだされたばかりというように、象徴的な青い焔をまわりにたてながら、もちだされる。黄金のオレンジに褐色の胡桃、水晶のような明暗をみせる林檎のジェリーと西洋李の砂糖漬のならぶデザートも、またいつもとかわりなくすばらしい。すべてこういう品々は、トムがものごころついてから常にかわらぬそのままのクリスマスである。

［『世界文学大系85　ジョージ・エリオット』工藤好美、淀川郁子訳。筑摩書房。1965年から引用］

すべてのクリスマス・プディングがそれほど素晴らしいものとして描かれたわけではない。1850年、『イラストレイテド・ロンドンニュース』紙は、『フランスのプラム・プディングはとんでもないことになっている *The Dreadful Turn-Out of A French Plum-Pudding!*』という見出しで、フランスでイギリスのあらゆるものが流行の最先端になっていることを揶《や》

アルフレッド・ミルズ『プディングバッグ』（1806年頃、手彩色の銅版画）料理人がプディングバッグ（プディングクロス）の使い方を知らないために、スープが悲惨なことになっている。

揄《ゆ》する、ユーモラスな記事を掲載した。主役はド・ラ・ベティーズ夫妻［bêtiseは「愚か、ドジ」の意］で、「夫妻の人生最大の目標はイギリス式の生活をすること」だった。記事によれば、夫妻は友人たちをイギリス式のクリスマスの祝宴に招いた。客たちはイギリスの歴史上の人物のように装い、イギリスのビールを飲み、「ロスビフ（ローストビーフ）」を食べた。ベティーズ夫人はプラム・プディングを作り、それをティーポットから注いだ。客たちはスープ状のプディングに戸惑った。すると、オリバー・クロムウェルのように装った紳士が、きわめて役割にふさわしく、召使いに向かって「この不愉

ジョージ・クルックシャンク『消化不良』（1835年、銅版画）。どんなに良いものでもありすぎると食傷する。

快なものを下げよ！」と命じた。どうやらベティーズ夫人は、プディングをクロスに包んで茹でることを知らずに、材料をすべて鍋の湯の中に入れて煮てしまったらしい。

フランス人シェフのユルバン・デュボワは料理本『料理芸術 *Cuisine artistique*』（1882年）にプディングのレシピをいくつか掲載している。プラム・プディングのレシピには、次のように見下したような解説を書いている。

イギリスのプラム・プディングは総じて重すぎ、量が多すぎる。これから紹介するレシピは、私が豪華なディナーには常に出しているもので、イギリスのものより軽くて美味である。

デュボワはプラム・プディングを炎で包み、「サバイヨン［卵黄と砂糖を温めながら混ぜ、酒でのばしてクリーム状にしたもの］または泡立てたポンチソース」を添えて供した。強い口調で反論したにもかかわらず、このレシピはほとんどのイギリスのプラム・プディングのものと大差はない。このような感想を述べたのはデュボワだけではない。現在でも、料理本作家はしばしば伝統的なプラム・プディングは重すぎ、量が多すぎ、消化に悪いと批評して、自分の新しい、改良したプラム・プディングを提案するが、新しくもなければ改良もされていないものが多い。

◉儀式と迷信

偉大なイギリスのクリスマス・プディングは、スパイスやフルーツがふんだんに入っているのと同じくらい、決まりごとも多い。通常はブランデーやラム酒が使われているために日持ちがよく、祝日の1年前に作られることもあった。だが、プディングにまつわる多くの慣習のひとつとして、クリスマスの約1カ月前、スターアップサンデー［スターアップ（stir up）は「かき立てる、かき混ぜる」の意」の週に作るという決まりがある。この日は待降節の前の最後の日曜日で、クリスマスの準備を始める日とされた。それは、英国国教会の1549年版聖公会祈禱書が以下のような文で始まるからだ。

主よ、あなたの忠実な民の意志をかき立ててください。彼らが、善行の実をたっぷりと生み出し、あなたにたっぷりと報いることができるように。

プディングを混ぜる際には、家族全員が順番にかき混ぜ、かき混ぜながら願いごとをする決まりになっている。プディングは、十二使徒とイエス・キリストを表す13の材料で作らねばならないと信じている人もいる。プディングを蒸す前に、小さなアクセサリーやコインを中に隠す。よく使われるのが指輪で、誰もが知っているこんななぞなぞがある。

イギリスの小麦粉とスペインの果物が
降り注ぐ雨の中で出会い
袋に入れられ、ひもでぎゅっと縛られた。
このなぞなぞが解けたなら、

きみに指輪をあげよう。

答えは、もちろんプラム・プディングだ。

プディングを蒸したら、クリスマスまで保存して熟成させる。クリスマス当日には、温め直し、ヒイラギの枝を飾る。ヒイラギはキリストのイバラの冠を象徴するという人もいれば、この慣習は異教徒の伝統にさかのぼるという人もいる。異教徒の間では、ヒイラギは魔女を寄せつけないと信じられていたからだ。供する直前に、プディングにブランデーをかけて火をつける。プディングは青い炎に包まれたまま、威風堂々とテーブルに運ばれる。アガサ・クリスティーの『クリスマス・プディングの冒険』では、エルキュール・ポアロは自分に取り分けられたプディングの中に銀のボタンを見つける。これは、少なくともあと1年は独身生活が続くことを暗示している。指輪を見つけた客もいて、それは近い将来結婚することを意味し、指ぬきを見つけた客は結婚しない（オールドミスになる）ことを意味する。レイシイ大佐が赤いガラス玉を見つけると、ポアロは、これは盗まれたルビーで、犯罪を解決する糸口だと確信する。

ケニー・メドウズ『クリスマス・プディング作りに取りかかる』（1848年、『イラストレイテド・ロンドンニュース』紙より）クリスマス・プディング作りは19世紀のロンドンでは家族の行事だった。

◉アメリカのプラム・プディング

ディケンズは小説を通してクリスマス・ディナーには何を準備すべきかをアメリカに伝えたが、プラム・プディングは、アメリカではイギリスほどクリスマスの象徴とはならなかった。19世紀にはプディング作りにまつわる儀式はさほど広く行われず、クリスマスだけでなく、感謝祭の食卓にもプディングが供された。

料理本作家のサラ・ジョセファ・ヘイルは、感謝祭を国民の祝日にし、南北戦争後のアメリカを国家としてひとつに統合する原動力となった人物だったが、プラム・プディングに対してはあまり情熱をもっていなかった。クリスマスにプラム・プディングを供することを渋々承諾し、このように書いている。

クリスマスは年に一度のことなので、祝宴にこってりしたプラム・プディングを出してもいいとは思いますが、これは健康的な食べ物とは言えません。子供たちには控えめに与えましょう……寒い気候では、ミンスパイ［ドライフルーツを詰めた甘いパイ］やプラム・プディングが害をおよぼす可能性は低いですが、運動不足の人、繊細な人、消化不良の人にとって、これらの食べ物は安全とは言えません。(1)

アンクル・サムは繁栄を象徴するプラム・プディングを、キューバ、プエルトリコ、そしてフィリピンにも分け与えるだろうか？　エミール・フローリによる風刺雑誌『ジャッジ *Judge*』の表紙、1906年2月3日。

アメリカ人は、この1908年のポストカードが示しているように、感謝祭をプラム・プディングで祝った。

他の19世紀アメリカの料理本作家の多くも、プラム・プディングにあまり熱心ではなかった。エリザ・レスリーはプラム・プディングをお勧めのクリスマスのメニューに加えてはいるが、炎で包むことは「そもそもばかげている」と書いている。レシピのタイトルは「クリスマス・プディング」ではなく「プラム・プディング」となっているものが多く、料理本にはさまざまなタイプのレシピが掲載されている。フルーツはレーズンのみで、あとは少量のスパイスだけが使われたきわめて質素なものもあれば、禁酒運動の高まりに敬意を表してアルコールを加えないものもあった。実際、プディングのソースに、ラム酒やブランデーの代わりにブドウ果汁を使うレシピもあった(2)。

20世紀半ばには、クリスマスにプラム・プディングが出されることがあっても、缶詰が多くなった。アメリカではクリスマスカラーのデザートが流行し、代表格はライム果汁入りのゼリーで層を重ねたチェリーエンジェルフードケーキだ。さらに1942年、『グッドハウスキーピングの料理本 *Good Housekeeping Cook Book*』に「ホワイトクリスマスプディング」が掲載され、プラム・プディングはどん底に突き落とされた。ゼラチン、缶詰のパイナップル果汁、ココナッツ、冷凍イチゴ、ホイップクリームで作られ、『クリスマス・キャロル』でクラチットの息子タイニー・ティムが思ったプディングとは似ても似つかぬものだった。

第6章◉ヘイスティ・プディング

愛しのヘイスティ・プディング。
ジョエル・バーロウ、『ヘイスティ・プディング *The Hasty Pudding*』、1793年

アメリカの詩人で外交官のジョエル・バーロウは、ヘイスティ・プディングを愛していた。1793年、フランスに住んでいたバーロウは、ニューイングランドと好物の食べ物が恋しくてたまらなかった。すると、誰かがヘイスティ・プディングを一皿ごちそうしてくれた。懐かしい味にバーロウは大いに喜び、こんな詩を書いた。

私を惹きつけてやまない、甘美な菓子よ
朝の目覚めに、夜の食事に、

甘美なヘイスティ・プディング。
愛しのヘイスティ・プディングよ、サヴォイでそなたと出会うとき、
……
思いがけない喜びが私の心をときほぐす！
世界は覆われ、散策する道は曲がりくねり、
私の国のそれぞれの地方、私の故郷のそれぞれの家、
私の魂はなぐさめられ、私の心痛は終わりを迎え、
私は長い間会えずにいた、忘れ得ぬ友を迎える。

バーロウには他にも外交官や作家として多くの著作があるが、今日ではこの質素なプディングを歌った詩が彼の代表作となっている。疑似叙事詩の形式で書かれた3000語近いこの詩は、称えているプディングが質素であるのと同じ程度に壮大だ。詩の中で触れられているプディングの材料はコーンミール［トウモロコシの皮を除いたひき割り粉］、塩、牛乳、糖蜜だけだ。風味を高めるシナモンやクローブ、ナツメグも、華やかさを添えるレーズンやスグリ、リンゴも入っていない。バーロウはこれをヘイスティ・プディングと呼んだが、インディアン・プディングという名でも知られていた。バーロウが「金色の粉」と呼んだ、コー

『地方の滑稽な行事 *The Humors of a Country Wake*』に描かれたプディング早食い競争、1794年、手彩色の銅版画。

ンミールで作るからだ。インディアン・プディングと呼ばれたのは、アメリカ先住民が作っていたからではなく、先住民が入植者に、新世界の穀物であるトウモロコシの栽培方法を教えたからである。

バーロウが『ヘイスティ・プディング』を書いた2年後に当たる1795年、ハーバード大学の学生数人が「社会的愛情を養い、友情と愛国心を育む」ために秘密のクラブを設立した。学生たちはそのクラブを「ヘイスティ・プディング・クラブ」と名づけ、メンバーには「会合のたびにひと鍋のヘイスティ・プディングを提供する」ことが求められた。面白いことに、ジョエル・バーロウはハーバード大学の最大のライバル校であるイェール大学の卒業生だ。このクラブのプディングにまつわる行事は１８００年代初頭には廃止されていたが、現在もクラブは存続し、定期的に会合や講演会を行っている。また、兄弟組織のヘイスティ・プディング・シアトリカルズは、年に一度の演劇によって知られていて、ヘイスティ・プディング・クラブの伝統は有名なプディング鍋に生きつづけている。毎年クラブのメンバーは、卓越したショービジネスの著名人を男女1名ずつ、マン（ウーマン）・オブ・ザ・イヤーに選出し、それぞれに金色のプディング鍋を贈呈する。だが、これまでその鍋の中にプディングが入っていたことはないようだ。

◉ポリッジからプディングへ

ヘイスティ・プディングの起源は中世にさかのぼり、小麦粉やオーツ麦の粥に牛乳または水を混ぜて、火にかけた鍋で煮たものだった。17世紀には、ブラック・プディングなどのように何時間も茹でる必要がなかったことから、「大急ぎで作るプディング」という意味の「プディング・イン・ヘイスト」または「ヘイスティ・プディング」と呼ばれるようになった。劇作家トーマス・ヘイウッドが『イギリス人の旅行者 *The English Traveller*』（１６３３年）

で書いているように、ヘイスティ・プディングは「作る時間より食べるのにかかる時間の方が長い[1]」料理だ。

ロバート・メイは『熟達した料理人 *The Accomplisht Cook*』（１６６０年）にヘイスティ・プディングのレシピを3種類掲載しているが、すべて小麦粉を使っている。ひとつは小麦粉に牛乳またはクリーム、「日干しレーズン」、スグリ、バター、すりおろしたパン、ナツメグを混ぜ、15分間煮たもので、メイは柔らかくしたバターを添えて供するよう勧めている。ふたつ目のヘイスティ・プディングは、プディングバッグに入れて茹で、砂糖を加えるところがひとつ目のレシピとは異なり、少々風変わりなものになっている。メイは「うまく作れたら、カスタードのように美味になる」と書いている。3つ目のプディングはかき混ぜて作るが、ひとつ目の材料に加えて卵黄6個が使われているので、濃厚な味わいだ。メイは砂糖漬けのオレンジの皮を薄くスライスしたもの、柔らかくしたバター、砂糖を添えて上品に供した。

メイはヘイスティ・プディングをバッグに入れて調理したが、一般的なヘイスティ・プディングは鍋の中で短時間かき混ぜて作った。なめらかに仕上げ、鍋にこびりついたり焦げたりするのを防ごうと思ったら、プディングはずっとかき混ぜていなければならなかった。かたまりができないように、一方向にかき混ぜるよう指示するレシピもあった。18世紀には、ハナー・グラスは小麦粉で作るヘイスティ・プディングとともに、オートミールを材料にしたものも発表した。オートミールで作るヘイスティ・プディングは、イギリス北部とスコットランドでは一般的だった。グラスのレシピでは、材料は水、バター、塩、オートミールだけだ。彼女は「スコットランドのオートミールで作るのが最高」で、食べるときは「ワインと砂糖、またはエール［上面発酵で醸造されるイギリスの伝統的なビール］と砂糖、あるいはクリームや新鮮な牛乳とともに食する」よう勧めている。グラスの小麦粉を主材料にしたヘイスティ・プディングのレシピの中に、ローリエで風味を付け、卵黄が2個使われているものがある。グラスは「卵が嫌いな人は卵黄を省いてもかまわないが、卵黄を入れることでプディングの味わいは各段に良くなる。また、牛乳に少量のバターを混ぜると、食べやすく、おいしくなる」と書いている。これらのプディングは通常熱いまま供された。

◉アメリカのヘイスティ・プディング

アメリカの初期の入植者たちは、ヘイスティ・プディングに使う小麦粉と砂糖が手に入らなかったため、料理人の常套手段を使った。手近にある材料を使って、似たような料理を作ったのだ。この場合は小麦粉の代わりにコーンミールを、砂糖の代わりに糖蜜を使った。

1796年に出版されたアメリア・シモンズ著『アメリカの料理 *American Cookery*』は、アメリカ合衆国で出版された最初の料理本だ。アメリカ独特のレシピが並ぶ中に、インディアン・プディングのレシピが3つ、「美味なインディアン・プディング」という見出しの下に掲載されている。どれもコーンミールと牛乳が主材料だ。ひとつ目のレシピは卵、レーズン、バター、スパイス、砂糖を加えて、1時間半オーブンで焼く。ふたつ目は砂糖または糖蜜が加わり、焼く時間が2時間半になっている。3つ目のレシピでは砂糖または糖蜜とは特定されておらず、ただ「甘味を加える」とだけ書かれている。これはプディングクロスに包んで、鍋で12時間茹でる。

コーンミールを使うと、小麦粉の場合より加熱時間は大幅に長くなるが、それでもレシピ名には「ヘイスティ（急ぎの）」という語が「インディアン」と同じくらいの頻度で使われた。どう呼ばれようと、アメリカ人はこの料理を愛した。第2代大統領ジョン・アダムズは、ハーバード大学の学生だったとき、大学での毎日の食事は牛肉か羊肉と、インディアン・プディングが定番だった。それから長い年月が経ち、政治家を引退した後も、彼と妻のアビゲイルは日曜日の夕食の最初にインディアン・プディングを食べた。アビゲイルのいとこに当たる政治家ジョサイア・クィンシーは後に、「プディングは自分のような若者の食欲を満たすためのものなので、アダムズ夫妻はその後に出る肉料理を少ししか食べられなかった」と書

いている。(2)

ヘイスティ・プディングはアメリカでもよく知られた料理だったので、レシピでは他の料理にとって好ましい濃度を表現する言い回しとして、「ヘイスティ・プディングのような濃度」が使われた。この言い回しは独立戦争当時の愛国歌『ヤンキードゥードゥル Yankee Doodle』にも、直喩として使われている［この歌は日本では『アルプス一万尺』として知られている］。

まぬけなヤンキーが
子馬に乗って街へでかけた
帽子に羽根をさして
伊達男《マカロニ》を気取ってる

……

父さんと僕は野営地に出かけた
グッディング大佐もいっしょだった
そこには男や少年がたくさんいた
ヘイスティ・プディングみたいにぎっしりと

ヘイスティ、またはインディアン・プディングはアメリカ独立の象徴となり、ニューイングランドからバージニアまで、ニューヨークからペンシルベニアまで、あらゆる地方で、あらゆる階級の人々に親しまれる料理になった。それにしても、1753年生まれのアメリカ人で、独立戦争の間はイギリスへ逃亡していたベンジャミン・トンプソン（後にランフォード伯として知られた）が、後にヘイスティ・プディングをイギリス人に勧めていたというのは驚きだ。トンプソンは、移動式野外炊事場やコーヒーのパーコレーターなど、多くの発明や革新で有名で、1781年にイギリスの王立協会への加入が認められた。その後、バイエルン選帝侯の元で軍務大臣を務めた功績により、神聖ローマ帝国の伯爵に叙せられた。ランフォードという名は、かつて教鞭を執ったニューハンプシャーの街に因んだものだ。

ランフォードの著作集に収められた随筆では、ヘイスティ・プディングを貧しい人々に提供するための安価な食品に使ってはどうかと提案している。イギリス人は何百年も前から、さまざまな穀物を使ってヘイスティ・プディングを作っていたにもかかわらず、ランフォードはこのプディングを定義づけして、作り方を事細かに説明している。かき混ぜて作る基本的なプディングや、プディングバッグに入れて茹でるプディングの作り方を説明し、干しリンゴなどのフルーツを加えてもよいと書いている。そして、イタリアのポレンタ［コーンミールを粥状に煮たイタリア料理］もよく似た料理だと述べている。プディングを供するときは、熱いうちに皿に広げ、中央に「空洞」を作るよう勧めている。

その空洞にナツメグほどの大きさのバターを入れ、それにスプーン1杯のブラウンシュガー、またはより一般的な糖蜜をかける。ほどなくバターはプディングの熱で溶け、砂糖または糖蜜と混ざりあってソースになる。空洞を作ったのは、このソースが流れ出さず、皿の中央にとどまるようにするためだ。プディングはスプーンを使って食べ、スプーンですくうたびにソースに浸してから口元へ運ぶ。注意すべき点は、ソースがたまっている空洞を早々と壊さないように、最初はプディングの外側、すなわち皿の縁に近い方から手をつけ、だんだん中央へと食べ進めていくことだ。(3)

だが、どうやらランフォードの忠告は無駄になったようだ。19世紀イギリスの料理本に、ヘイスティ・プディングのレシピはほとんど掲載されていない。エリザ・アクトンもイザベラ・ビートンもひとつも載せていない。ビートンがこう書き記しているだけだ。

スコットランドのポリッジは、ヘイスティ・プディングの一種で、オートミール、塩、水で作る。旧約聖書でエサウが長子の権利と引き換えに求めた「赤いもの（アドム）」も、

おそらく同じような食べ物だったと思われる。(4)

イギリスでは「ヘイスティ」という名は廃れたが、簡単なステアード(かき混ぜた)・プディングは作られつづけた。このプディングは主材料に基づいて名づけられ、セモリナ、タピオカ、サゴ[サゴヤシから採れるデンプン]、小麦粉、オートミールは使われたが、コーンミールは使われなかった。これらのプディングのほとんどに牛乳が使われたため、「ナースリー(幼児向け)・プディング」または「ミルク・プディング」というカテゴリーにまとめられ、そのシンプルさから完璧な幼児向け食品となった。

●デザートとしてのインディアン・プディング

19世紀になると、アメリカのインディアン・プディングは食事の最後に出されるようになり、レーズンなどのフルーツが加えられることが多くなった。リンゴを加えたものも人気で、ある料理本によると、リンゴを入れるとプディングの中に「濃いゼリー状の部分」ができるらしい。インディアン・プディングは「ヤンキー」・プディングとも呼ばれ、コンロに載せた鍋の中でなめらかになるまでかき混ぜてから、数時間オーブンに入れて加熱し、たいていは温かいプディングにクリームや糖蜜のソースをかけて供された。レシピの中には、プディングは「ビーンポット」〔豆を煮たり保存したりするのに使われる陶器製の寸胴鍋〕で煮るよう指示しているものもある。

また、すべてのレシピがそうではないが、プディングにショウガ、シナモン、ナツメグなどのスパイスを加えるものもあった。ライス・プディングやタピオカ・プディングにコーンミールを加えたものは、「インディアン・タピオカ・プディング」または「インディアン・ライス・プディング」と呼ばれた。たまに、コーンミールが入っていないのに名前に「インディアン」が付いているレシピもあった。

当然、ファニー・ファーマー著『ボストン・クッキングスクールの料理本 *The Boston Cooking-School Cook Book*』の1918年版にも伝統的なインディアン・プディングのレシピが掲載されているが、ファーマーは「モック・インディアン・プディング」のレシピも載せている。これは、他の料理本に載っている似たようなレシピと同様に、バターを塗った「パン屋の全粒粉パン」に糖蜜と牛乳を加え、2〜3時間オーブンで加熱する。このプディングは「モック（偽物）」と言うものの、実はインディアン・プディングでもヘイスティ・プディングでもなかった。

第7章◉ブレッド・プディング

プディングもち主《ぬし》、ばんざいだ
ノーマン＝リンゼイ、『まほうのプディング』（小野章訳。講談社。２００６年より引用）

一般にブレッド・プディングは、固くなったパンを効率よくデザートに再利用するためのつつましい料理法と考えられているが、最初はどちらかというと上品で費用がかかる料理だった。14世紀フランスの『パリの主婦のための手引き書 *Le Ménagier de Paris*』には「タイイ（taillis）」と呼ばれるブレッド・プディングの一種の作り方が掲載されている。四旬節［復活祭の46日前から復活祭前日までの期間］用のものはパンとビスケット、それにレーズン、リンゴ、アーモンドミルク、サフラン、砂糖で作られた。プディングは加熱せず、温めたアーモンドミルクをパンやその他の材料にかけて、落ち着くまで放置した。(1)

17世紀になると、「質の良い」パン、ダブルクリーム、卵、スパイスから作るホワイトポットと呼ばれるイギリス料理が作られた。ホワイトポットの特徴は、当時の大部分のプディングはバッグに入れて茹でたのに対し、ホワイトポットはオーブンで焼いたことだ。デボンシャー・ホワイトポットの名の由来は、デボンシャー（現在のデボン州）が高品質なクリームで有名な、酪農が盛んな地域だったことだ。1658年に出版されたナサニエル・ブルック著『料理大全 *The Compleat Cook*』に掲載されている代表的なホワイトポットのレシピには、材料として「きわめて薄くスライスした良質なパン」にクリーム、卵、ナツメグ、砂糖、バター、塩、「日干しレーズン少々」が使われている。ロバート・メイは1685年度版の『熟達した料理人 *The Accomplisht Cook*』に同じようなレシピを載せているが、彼は「ピピン」（リンゴの品種）を「パップ（ドロドロの流動食）」になるまで煮たものを加えている。メイは料理人に、「シペット（細かく切ったパンきれ）を薄く切って、暖炉の前に並べて乾燥させる」よう指示している。シペットとピピンの準備ができたら、鍋の中に重ねて入れ、クリームに他の材料を混ぜたものを注いで、オーブンで焼いた。

●パンとバッター

　ハナー・グラスの時代になると、ブレッド・プディングはどちらかと言えばつつましい家庭用のデザートで、固くなったパンやパン粉を再利用する倹約法のひとつだった。実際、18世紀フランスの料理本にはパンのレシピとして、「パンくず」からおいしいプディングを作る方法が掲載されている。

　ブレッド・プディングの多くは、他の材料と薄切りにしたパンを重ねるのではなく、固くなったパンを水に浸してバッターを作る。パンは牛乳やクリーム、または水に浸し、他の材料と混ぜてかくはんする。そうしてできたバッターをプディングクロスに包んで茹でるか、プディング型に流しこんで、ふたをして蒸す。

　グラスはこのようなプディングにアーモンド、ローズ水、ワインを加え、「上等なブレッド・プディング」と呼んだ。グラスの「普通のブレッド・プディング」にはクリームではなく牛乳を使い、卵も少なく、ワインも加えないが、少量のショウガを入れるとよいと勧めている。それに対し、グラスの「小さな器で作るプディング」は、一般的なブレッド・プディングよりはるかに創意に富んだものになっている。そのレシピでは、パン、クリーム、ナツメグ、砂糖、卵でバッターを作り、かくはんしてよく混ぜ合わせる。これを5つの木製のプディン

昔ながらのブレッド&バター・プディングほど心なごむものがあるだろうか。

グ型に分けて入れ、ひとつはサフランで黄色に、ひとつはコチニール［コチニールカイガラムシから作る赤色の染料］で赤に、ひとつはホウレンソウの汁で緑に、ひとつはスミレのシロップで青に、残りのいちばん大きな部分は白のままでアーモンドを混ぜる。5つのプディングは1時間茹でて、皿の中央に白いプディングを載せ、他の4色のプディングをそのまわりに並べる。グラスはこれに溶かしバター、ワイン、砂糖をかけてから供するよう勧めている。

イザベラ・ビートンは19世紀の「きわめてプレーンなブレッド・プディング」のレシピでは、パンを牛乳やクリームではなく、水に浸すよう指示している。とは言え、牛乳に浸すと「味はずいぶん良くなる」と書いている。バッターを使うブレッド・プディングも、浸してかくはんしたパンではなく、パンくずを使うことも多かった。このようなプディングは料理人のさじ加減ひとつでぜいたくなものになったり、粗末なものになったりした。エリザ・アクトンは質素なブレッド・プディングを「貧しい作家のプディング」と呼んだ。そして、はるかにぜいたくなものには「編集者のプディング」とウィットに富んだ名を付け、「どれほどぜいたくにしてもぜいたくすぎることはまずない」と書いている。

●質素なプディング

最も質素なブレッド・プディングは、バッターも使わないし、材料を重ねたりもしない。イギリスでもアメリカでも作られたが、単に小さなパンのかたまりを茹でるか蒸すかして、簡単なソースをかけて食べた。グラスも「茹でたパンのかたまり《ボイルド・ローフ》」と呼ぶものを作っているが、材料は小さなパンのかたまりと半パイント（約280ミリリットル）の熱い牛乳で、パンに牛乳をかけたものをクロスに包んで茹でてから皿に載せる。パンの形がくずれないように、茹で時間もわずか30分ほど。茹でたパンには溶かしバターを添え、ワインまたはロー

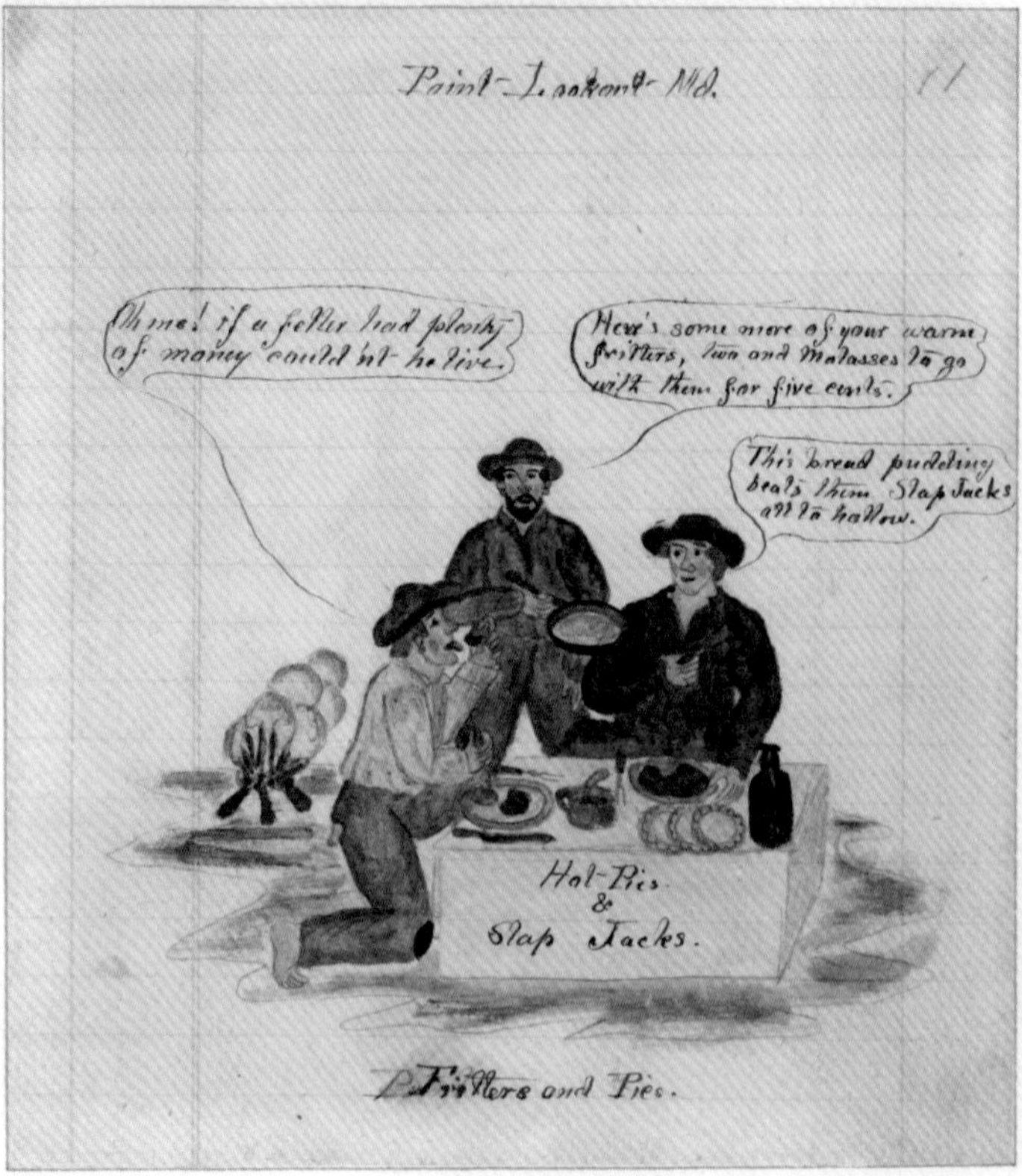

南北戦争で南部連合軍を支持したために投獄された人々は、ジョン・ジェイコブ・オーメンハウザーが『フリッターとパイ』に描いたように、食事にブレッド・プディングが出ると喜んだ。1864年頃、インクと水彩。

ズ水をかけ、表面に砂糖をまぶした。このプディングは、グラスが「小さなパンのかたまりを使い切るためのレシピ」と書いたときから、よく作られてきたに違いない。

1882年に出版されたスーザン・アンナ・ブラウン著『40種類のプディングの本 *The Book of Forty Puddings*』には、悲しいほどささやかな「簡単なプディング」のレシピが載っている。材料は耳を切り落とした小さなパンのかたまりだけで、それをナプキンに包んで蒸す。ブラウンはバター、クリーム、砂糖で作ったソースを添えて供するよう勧めている。

◉サンドイッチ・スタイルのプディング

19世紀の料理本作家A・D・T・ホイットニー夫人は、「サンドイッチ・プディング」と呼ぶブレッド・プディングを紹介している。

サンドイッチ・プディングは、フルーツとパン――薄切りにしたものでも、パンくずでも――を交互に重ねて、オーブンで焼きます。サンドイッチ・プディングはすべて同じ方法で作りますが、他の種類の料理と同様に、料理人の好みと創意によって、いろいろ変化をつけたり、材料を増やしたりしてかまいません(2)。

サンドイッチ・スタイルのブレッド・プディングは、時代が下るとともに広く行き渡り、イギリスとアメリカでは、ほとんどの料理本にこのプディングのレシピが掲載されるようになった。ホイットニーが書いているように、このプディングは通常「同じ方法」で作られる。古くなったり固くなったりしたパンをそのまま、あるいはバターやジャムを塗ったものを、鍋の中にスグリやリンゴなどのフルーツと重ねて入れる。その上からクリームまたは牛乳、カスタードを注ぎ、パンに染みこむまでしばらく置き、それからオーブンで焼く。スライスしたパンの代わりに、トーストしたパンくずやサイコロ形に小さく切ったパンを用いてもよい。

基本のレシピにシナモン、ショウガ、ナツメグ、メース、ローリエ、生もしくは砂糖漬けにしたレモンの皮、レーズン、スグリ、ブランデー、シェリー酒、ローズ水、リンゴ、チェリー、ココナッツ、ココア、ママレード、ジャムを加えることもあった。パンもホワイトブレッド、ブラウンブレッドなど、いろいろなものが使われた。また、プラム・プディングの食べ残しを薄切りにして、それでブレッド・プディングを作るつつましい料理人もいた。19～20世紀には、ビスケット、古くなったケーキ、ブリオッシュ、ハッラー［ユダヤ教徒が安息日やユダヤ教の祝祭日に食べるパン］、ソーダクラッカー、シュレッディッド・ウィート・

ビスケット［全粒小麦を枕状のビスケットにした朝食用シリアル］、ポップコーン、マッツァ［ユダヤ教徒が過ぎ越しの祝いで食べる酵母の入らないクラッカー状のパン］なども パンの代わりに使われた。

ブレッド・プディングが付け合わせ、簡単な夕食、あるいは朝食として供されるときは、チーズ、タマネギ、ハーブ、ベーコン、ハム、魚といった甘くない材料《セイボリー》が加えられた。今日では、ブレッド・プディングが朝食として供されるときは、プディングではなく、「ベイクト・フレンチトースト」または「ブレックファスト・ストレイタ（層）」と呼ばれることが多くなった。

◉よそ行き《サンデー・ベスト》のプディング

質素なブレッド・プディングの対極にあるのが、上品な「よそ行き《サンデー・ベスト》のブレッド・プディング」だ。ヴィクトリア女王に因んで名づけられたクイーンズ・プディングは、パンくずと牛乳またはカスタードを混ぜたものをオーブンで焼いた。表面にタルトジェリー［フルーツを煮つめて作る、タルトやケーキの表面に塗るためのソース］（たいていはスグリのジェリーが使われた）を塗り、その上にメレンゲを置いて、メレンゲが金色になるまでもう一度オーブンで焼いた。

他にも、上品なブレッド・プディングとしてはアップル・シャルロットがある。これはプディング型の底と側面に、スライスしてバターを塗ったパン（多くの場合は前もって油で焼いたもの）を敷きつめ、その中に甘く煮たリンゴとパンくずまたはスポンジケーキを細かくしたものを詰めてオーブンで焼いた。これはジョージ3世の妻でリンゴ栽培家の後援者でもあったシャーロット王妃（1744～1818）に因んで名づけられたとされている。ロシアにもシャルロッカ（Sharlotka）と呼ばれる同じようなデザートがあり、これはパンくず、ワイン、リンゴ、レーズンを入れて作った。シャーロット・ルッセという焼かないプディングは、スライスしたパンの代わりにレディーフィンガー［手の指ほどの大きさのスポンジケーキ］を使い、中央に甘いクリームと砂糖漬けのフルーツを詰めた。これは19世紀初頭に、有名なフランスのシェフ、マリー＝アントワーヌ・カレームが創作した。

最も手の込んだブレッド・プディングのひとつが、「ディプロマット」または「キャビネット」・プディングと呼ばれるもので、身分の高い客を招待したときに供するのにぴったりの料理だ。パンの代わりにスポンジケーキ、レディーフィンガー、マカロン、あるいはこの3つを組み合わせて使い、砂糖漬けのフルーツと交互に重ねる。その上にこってりしたカスタードを注いで、オーブンで焼くか、または蒸す。加熱しないタイプでは、カスタードにゼ

クイーン・オブ・プディング。このエレガントなプディングはヴィクトリア女王の好物だったと言われている。

ラチンを加える。よくソースや脂肪分の多いクリームをかけて供されることがあるが、余計なものに思われる。トライフルはキャビネット・プディングの親戚のようなデザートで、スポンジケーキとカスタードクリームを交互に重ねるだけで、焼かない。クイーン・オブ・プディングも華やかなブレッド・プディングのひとつで、オーブンで焼いたあと、ジャムまたはフルーツの砂糖漬けとメレンゲを載せて、メレンゲに焦げ色がつくまでもう一度焼いた。

◉サマー・プディング

今日、サマー・プディングはイギリス人が大好きなデザートのひとつだが、これを食べると女王のほっぺたも落ちることが証明された［fit for a king（「ほっぺたが落ちるほどおいしい」）という慣用句を「女王（queen）」に使っている］。1982年6月のある日、エリザベス2世の夕食のメニューに、サマー・プディングがデザートとして掲載された。これはメニューの中で唯一、フランス語ではなく英語で書かれた料理だった(3)。

サマー・プディングの作り方は、生のベリーに少量の砂糖を加え、砂糖が溶けるまで煮る。または、ベリーと砂糖を、砂糖の粒々がなくなるまでかき混ぜるだけで、加熱しない方法もある。どちらにせよ、混ぜ合わせたものを、少し固くなったパンを敷いたプディング型かボ

サマー・プディングはこの季節にぴったりの華やかなデザートだ。

ウルに流し入れる。その上にパンを載せてから、プディングを押さえるように上に重しを載せて冷やす。プディングを皿の上にひっくり返して載せると、パンはフルーツの色によって美しい赤、または青や紫の色味を帯びていて、カラフルな夏らしい軽いプディングができあがる。そのまま、あるいはクリームを添えて供する。

サマー・プディング愛好家には、中に入れるベリーは何が最高かについて強い思いがあるようだが、生のレッドカラント（アカフサスグリ）、ラズベリー、グースベリー、ブルーベリーなど、さまざまなベリーが使われてきた。エリザベス女王のメニューには、ベリーの種類までは示されていなかった。

サマー・プディングの起源については諸説ある。「ハイドロパシック・プディング」「ハイドロパシーとは水や鉱泉を飲んだり浴びたりする治療法」とも呼ばれたことから、19世紀にハイドロパシーの保養地で生まれたデザートだとも考えられる。プディングは他のペストリーよりあっさりしていて消化に良いと考えられていたからだ。より魅力的な「サマー・プディング」という名が使われはじめたのは、20世紀の変わり目あたりからで、同じようなプディングは、マルバーン、ロードアイランド、ウェークフィールド、あるいは単にベリー・プディングと呼ばれてきた。アメリカでは、マリア・パルロア著『ミス・パルロアの新しい料理本 *Miss Parloa's New Cook Book*』（１８８０年）に「ブラック・プディング」という名でサマー・

プディングのレシピが掲載されていて、これにはブルーベリーが使われている。

●それ以外の国のブレッド・プディング

パンを食べる国のほとんどに、何らかの形のブレッド・プディングが存在し、料理人によってさまざまなバリエーションがある。ベネチアのトルタ・ニコロッタ（torta Nicolotta）は、耳を取り除いてサイコロ状に切ったパンとカスタードソースを混ぜ合わせ、ラムレーズン、砂糖漬けのシトロン、バニラ、シナモンで風味付けする。オーブンで焼いて常温、または冷やして供する。

エジプトのブレッド・プディングは「アリの母」という意味のオマーリ（om Ali）と呼ばれ、材料にはパンまたはフィロ［紙のように薄いパイ生地］の切れ端と、牛乳またはクリーム、レーズン、アーモンドが使われる。プディングに関するある神話によると、これは貧しい村人がたまたま街を通りかかったスルタン（イスラム教国の君主）に供するために作り出したものだという。彼女の創作物はスルタンの称賛を得ただけでなく、エジプト人の好物となり、今もその地位を保っている。

インドのシャーヒートゥクダ（Shahi tukda）はギー（澄ましバター）で揚げたパンで作り、

カルダモン、レーズン、ナッツを加えて風味を付ける。カルカッタのユダヤ人コミュニティではアパム（apam）と呼ばれるブレッド・プディングが作られ、イギリスのインド統治時代に作られていたブレッド・プディングの影響を受けたと考えられている。とは言え、アパムにはココナッツミルクが使われるので、肉料理の後、少し時間をあけて食べるのだろう。ユダヤ人のしきたりでは、乳製品を肉料理と一緒に、あるいは肉料理の直後に食べることが禁じられているからだ。

メキシコのカピロターダ（capirotada）は、復活祭の時期に食べる一風変わったブレッド・プディングだ。肉を使わないので、四旬節の食事にふさわしく、華やかな料理なので復活祭のごちそうとしても供される。カスタードや牛乳の代わりに、水、ブラウンシュガー、シナモン、クローブで作るシロップにパンを浸し、オーブンで焼く。また、匂いの強いチーズ、ピーナッツ、レーズン、リンゴなどを組み合わせて混ぜることもある。アルベルト・アルバロ・リオスは著書『カピロターダ：ノガレスの思い出 *Capirotada: A Nogales Memoir*』で、「こんなことは、誰も話しはしないだろう」と書いている。彼はカピロターダを「食べ物のピニャータ［子供のお祭りに使われる、中にお菓子やおもちゃなどを詰めた紙製のくす玉人形］」と呼んでいる。(4)

古代から今日に至るまで、イギリスからエジプトまで、ブレッド・プディングは庶民から女王まで、あらゆる人に人気の料理だった。ジェーン・オースティンの母親カサンドラは、自分の作るブレッド・プディングは教区牧師《ヴィカ》に供してもよいほど美味だと考えていた。カサンドラは主任司祭と結婚していたので、この料理を評価する眼力は確かだったことだろう。彼女はそのレシピを、『プディングのレシピ *A Receipt for a Pudding*』（１８０８年）という詩の形で残している。第1連はこういうものだ。

もしヴィカをおもてなしすることになったら、
きっとお出ししてくださいね、
お口に合うプディングを。
では、お食事を作るときに、
お味の基準になるように、
レシピを示しておきましょう。

第8章◉ライス・プディング

晩ごはんはまたおいしそうなライス・プディングだ!

A・A・ミルン、『クリストファー・ロビンのうた』(1924年)〔小田島雄志・小田島若子訳。晶文社。1978年〕

シナモンやふっくらしたレーズンで風味を付けた、クリーミーなライス・プディングはまさにごちそうだ。だが、子供たちの夕食には質素なライス・プディングがあまりにもしょっちゅう出るので、またライス・プディングかと子供が泣き出してしまう。A・A・ミルンはそのことをよく知っていた。彼の詩『ライス・プディング』では、「どうしたの? メアリー・ジェーン」と問いかけている。

大きな声で泣きじゃくってるよ、

晩ごはんも――またライス・プディングだけど――食べようとしないんだ
どうしたの？　メアリー・ジェーン

この詩はあと4連続き、人形やお菓子を与え、列車に乗ろうと誘っても、メアリー・ジェーンはライス・プディングのせいで泣きやまなかった。ミルンがこの詩を書いた1920年代には、ライス・プディングは一般的な幼児食となっていて、通常はまったく余計なものは加えずに与えた。米は柔らかく、薄味で、しかも消化が良いので、このプディングは幼児や病人の食事に適していると考えられた。多くの場合米を牛乳または水の中で煮ただけで、砂糖、スパイス、卵、バターは加えない。甘味のあるソースを添えることもあったが、それ以外はほとんど味がついていない、あまりおいしくない料理だった。しかしながら、ミルキーな味わいの温かいライス・プディングを、子供時代の良い思い出として覚えている人もいる。それは料理の味よりも昔を懐かしむ気持ちが心にあふれるからだろう。

●イギリスにおける米

米が西洋に伝わる以前に、アジアでは何世紀にもわたって米は主食だった。実際、仏陀が

メアリー・ジェーンは、おそらくこのライス・プディングをまた食べたいと思ったことだろう。

断食をやめ、過度な苦行を悟りへの道の妨げになるとして中止したとき、最初に口にした食べ物はライス・プディング（乳粥）だったと言われている。一方、エリザベス1世がイギリスを統治していたころ、米はまだ希少で、高価な輸入品だった。米を買う余裕のある人々はスパイス用の戸棚に厳重に保管し、少しずつ使った。

明確に「ライス・プディング」として初めてレシピが掲載されたのは、1615年に出版されたジョン・マレル著『新しい料理法の本 *A New Booke of Cookerie*』だ。マレルは米を牛乳にひと晩浸し、水気を切ったものに牛のひき肉、スグリ、卵、ナツメグ、シナモン、砂糖、バーベリー［メギの実］を混ぜ、それを牛の腸に詰めて茹でた。同じ年に『イギリスの主婦 *The English Hus-Wife*』の著者ジャーヴェス・マーカムは、米を「甘くて濃度の高い、最高のクリーム」で茹でることを勧めている。さらに、卵の黄身、デーツ、スパイス、スエットを加え、浅いプディング型に入れて「形を整えて」蒸し、1日寝かしてから供するよう指示している(1)。

18世紀初頭になると、アメリカの入植地から貴重なカロライナ米が大量に供給されるようになり、イギリスでも手に入りやすくなった。独立戦争の間は一時この供給が途絶えたが、貿易が再開されると、米はより手頃な値段になった。それにつれて、ライス・プディングも普及していった。ハナー・グラスの1796年版の料理本に、「カロライナ・ライス・プディング」を始めとして、いくつかのレシピが載っている。グラスのライス・プディングには、卵、スパイス、バター、フルーツが入ったぜいたくなものもあるが、卵もレーズン以外のフルーツも入れない「安上がり」のプディングもある。プディングバッグに入れて蒸すものもいくつかあるが、ほとんどのレシピは米を牛乳で煮てからそれ以外の材料を加え、多くの場合パイ生地を敷いた鍋に入れて、オーブンで焼いた。

インド風の「ペロー（pellaw）」［米を炒めて作るピラフのような料理］という料理のレシピが多くのイギリスの料理本に掲載されているが、19世紀イギリスでは、米の一般的な料理法はプディングだった。ビートン夫人は、「(米は) プディングの材料としてオーブンで焼くのが最高の料理法」と書いている。その言葉通り、彼女は料理本に1ダース近くのライス・プディングのレシピを掲載し、その多くは幼児向けだ。彼女はそれらを「あっさりして経済的。子供に食べさせるのに良いプディング」、「幼児にうってつけの料理」と称している。エリザ・アクトンも多くのライス・プディングのレシピのひとつについて、「安上がりのライス・プディング」、「幼児にうってつけの料理」と書いている。ただし、アクトンはより魅力的なプディングのレシピも載せており、そのひとつに「ノルマンディ・プディング(美味)」という見出しを付けている。これはライス・プディングと砂糖で煮たレッドカラント(アカフサスグリ) またはケンティッシュ・チェリー [ケント州がチェリーの名産地であることから名づけられたチェリー] をタルト型に交互に重ねて入れ、オーブンで焼く料理だ。

19世紀後半から20世紀初頭にかけて、料理人はさまざまなライス・プディングを作って楽しんだ。プディングを型の代わりにティーカップに入れ、中央に空洞を作って鮮やかな色のゼリーを流しこんだり、ライス・プディングと加熱したフルーツを交互に重ねたり、カスタードソースや固く泡立てた卵の白身をライス・プディングに軽く混ぜ入れてからオーブンで焼いたり、プディングの表面にメレンゲを載せたりした。また、「スノーボール」も作った。一例としてアクトンのレシピを紹介すると、皮をむいたリンゴやオレンジを丸ごと料理した米で覆う。それから、プディングクロスで包み、フルーツの大きさによるが、約1時間茹でる。そして、砂糖、あるいはバター、砂糖、シナモンまたはナツメグを混ぜたものを振りかける。エステル・ウッズ・ウィルコックス著『オハイオ州の料理法と実用的な家事 *Buckeye Cookery and Practical Housekeeping*』には、また異なるスノーボールのレシピが掲載されている。茹でた米をボールの形に丸めて皿の上に並べ、食卓に出す半時間前にレモンカスタードソースをかけるというものだ。このレシピの考案者はルイーズ・スキナー女史で、彼女は「簡単だけど素敵なデザート」になると言っている。

●料理法

19世紀には、マーカムやマレルらのように、ライス・プディングを作る際には、米を一晩牛乳または はクリーム、水に浸しておいてから水分を切って調理する料理人がいた。だが、そのあとはプディングバッグに入れて茹でるのではなく、新鮮な牛乳またはクリームに砂糖、レーズン、スパイス、それにたいていは卵を加えて、コンロに載せてかき混ぜながら加熱した。このように、そのずっと以前から、肉やスエットをライス・プディングに入れなくなっていた。20世紀初頭の手書きの料理本では、メトカーフ夫人というイギリス人女性は、米とタピオカで作るプディングの効率の良い取り組み方を提案している。

午前9時。大さじ1杯のカロライナ米と大さじ1杯のタピオカを3パイント（約1・5リットル）のパイ皿に入れ、大さじ1杯の粗めのブラウンシュガーと塩少々を加える。これをホブ［暖炉の内側の鍋などを冷めないように載せるための棚］に載せるか、暖炉の近くに置いてふやかし、絶えずかき混ぜながら11時まで置く。11時になると少量のバターを加え、中火にしたオーブンに入れる。最初の半時間は頻繁に底からかき混ぜ、その後は放置する。1時までには、卵と香味料を加えて作ったものよりはるかに風味の良いプディングができ上がる。米とタピオカだけのプディングもぜいたくなものに負けないほど美味である。

このプディングは「卵を入れないミルク・プディング」という名前が付いているにもかかわらず、牛乳についての記述がない。まず米とタピオカを牛乳と混ぜておかなければならないはずだが。

ライス・プディングには他にも予浸を省略したものや、生の米を他の材料と混ぜて、米が柔らかく、なめらかになるまでかき混ぜながら加熱するよう指示したレシピがある。生の米を他の材料と混ぜ、弱火のオーブンで最長3時間焼くというレシピもあるが、多くの料理人はすでに調理済みの米を使い、他の材料を加えて、混ぜたものを茹でたり、オーブンで焼いたりした。ライス・プディングが焼き上がると、表面に焦げ目ができる。その焦げ目を、食べられない部分とする料理人もいれば、最高に美味な部分だと表現する料理人もいる。

◉シェフのライス・プディング

ライス・プディングは、工夫がなければつまらない料理だ。真っ白のキャンバスのようなもので、料理人はそこに自在に創造性を発揮することができる。19世紀フランスのシェフたちの手により、ライス・プディングは新たな洗練の高みに到達した。リ・ア・ランペラトリス（Riz à l'impératrice）は、砂糖漬けのフルーツ、リキュール、カスタード、ホイップクリームを加えた、皇后にふさわしい豪華なライス・プディングだ［rizは米、l'impératriceは皇后の意］。型に入れて冷やしてから、さらに砂糖漬けのフルーツとシロップをかける。マルセル・プルーストもM・F・K・フィッシャーもこのプディングのファンだった。ポワール・コンデ（Poires condé）もフランスの冷やしたプディングのひとつで、ライス・プディングとスライスした洋ナシを交互に重ねて焼き、上に洋ナシとブランデーソースをかけたものだ。シェフのユルバン・デュボワは、ライス・プディングをパイナップル形の型に入れ、アプリコット・ママレードを塗ってつやを出し、パイナップルの先端の葉に似せてアンゼリカを載せた。そして、これでパナシェ（盛り合わせ）部門の賞を受賞した。デュボワは、この料理は、うまく作れたら、間違いなく「喝采を博する」と書いている[(2)]。

アメリカでは、元奴隷からシェフになったルーファス・エステスが、1911年に出版された料理本『おいしい料理 *Good Things to Eat*』で、より実用的だが華やかなココア・ライス・メレンゲ・プディングを紹介している。これは米と牛乳にココアとレーズンを混ぜたものを、一度加熱してから冷やし、それに固く泡立てた卵の白身とホイップクリームを混ぜ合わせ焼き型に流しこみ、その表面に卵白にココアと砂糖を混ぜたものを塗り、メレンゲに焦げ目がつくまでオーブンで焼いた。

●世界のライス・プディング

世界各地でさまざまなライス・プディングが作られ、今も作られている。ドイツのライス・プディングはミルヒライス（milchreis）と呼ばれ、牛乳、砂糖、バニラを合わせた中に米を入れ、コンロにかけて煮る。たいていはフルーツを添えて、あるいは砂糖とシナモンをかけて供される。ブルガリアのライス・プディングはレモンで風味を付け、ピスタチオとバラ

伝統的な南アジアのライス・プディングであるキール（kheer）は、特別な行事などの際には金箔または銀箔が飾られることもある。

の花びらを飾る。

イランのショレザード（sholeh zard）は、サフラン、アーモンド、ローズ水で風味付けをする。同様の料理はアフガニスタンにもある。中東で広範囲に作られるフィルニ（firni）も同じような材料で風味付けするが、米粒ではなく米粉で作る。中南米のアロス・コン・レチェ（arroz con leche）は香辛料としてシナモンとバニラ、それにテキーラに漬けたレーズンを加える。北アメリカでも同じ香辛料を使うが、テキーラは使わない。キール（kheer）は時間をかけて煮込むインドのライス・プディングで、レーズン、カルダモン、

サフラン、ピスタチオ、ココナッツを入れると、ライス・プディングに洗練された風味が加わる。

典型的なスペインのデザート、アロス・コン・レチェ（arroz con leche）は「米を牛乳で煮たもの」という意味で、シナモンを振りかける。

シナモン、アーモンド、ピスタチオ、サフランが入っている。金箔または銀箔を飾りに付けることもある。中国人は8種類の砂糖漬けのフルーツを入れてライス・プディングを作る。これは孔子が8を完全な数字と考えていたことに由来する。東南アジアでは、米は黒米を、牛乳の代わりにココナッツミルクが使われることもある。

休日やお祝いの機会に、華やかに飾られたライス・プディングが供される国もある。ポルトガル人は、このような機会にアロシュ・ドース（arróz doce）と呼ぶライス・プディングに、シナモンパウダーでおめでたい渦模様やシンボルを描く。デンマークでは、クリスマスにはリスアラマン（risalamande）（この名前はフランス語のリスアラマン〔riz à l'amande：アーモンド入りライスの意〕に由来する）と呼ぶライス・プディングを食べる習慣がある。プディングの中にアーモンドが丸ごと入っていて、それを見つけた人には賞品――伝統的に豚の形をしたマジパン〔アーモンドをすりつぶした粉に砂糖を混ぜて練ったもの〕が与えられる。スウェーデンにも同様の習慣があるが、アーモンドを見つけた人は1年以内に結婚すると言われている。

トルコでは、ライス・プディングはゼルデ（zerde）と呼ばれ、サフランとローズ水で風味付けをし、結婚式で供される習慣がある。だが、この国で最古の有名なプディングは、アシュレ（asure）と呼ばれるノアの方舟プディングだ。このプディングには多くの材料が少量ずつ使われるため、どのカテゴリーに入るかは安易に決められない。例えば、米、小麦、白インゲン豆、ヒヨコ豆、砂糖、アプリコット、イチジク、レーズン、クリ、オレンジの皮、ローズ水が挙げられるが、これらに限らない。小麦、インゲン豆、ヒヨコ豆は一晩水に浸し、それから柔らかくなるまで弱火で煮込む。柔らかくなると、他の材料を加えてよくかき混ぜ、もう少し煮込む。冷めてからフルーツやナッツを飾って供する。プディングの名前はアシュレの日（Asure Gunu）から来ていて、これはイスラム暦の1年の最初の月であるムハッラム月の10日目を表す。伝説によると、その日はノアとその家族が地面を見つけて、方舟から下りることができた日だという。お祝いのために、彼らは米粒、インゲン豆、ヒヨコ豆、それにフルーツとナッツなど、残ったわずかな食糧からプディングを作った。今日ではこの聖なる月の間にしばしばおもてなしと寛大さの象徴として、豪華なアシュレがふるまわれる。そして、親族、友人、隣人たちと分け合うのだ。

第9章 ◉ バッター・プディング

たっぷりしたプディング万歳！　熱いものも冷たいものも、万歳！

ウィリアム・ウォッティ（ペンネーム：ジェミー・コピーウェル）『プディング *Pudding*』、1759年

ローストビーフとヨークシャー・プディングの相性は、史上最高のマリアージュのひとつだろう。これはイギリスで代々続いてきた伝統的な日曜日の昼食で、今日もなお尊重され、享受されている。ヨークシャー地方の住人は、このプディングはこの地域独自の料理であり、完璧に作れるのは自分たちだけだと主張するが、実際には世界中で作られ、称賛されている。

現在ヨークシャー・プディングと呼ばれている料理のレシピが最初に登場するのは、1737年出版の『女性のすべての義務 *The Whole Duty of a Woman*』という匿名で書かれた書物だ。そこでは「ドリッピング・プディング」と呼ばれ、ローストビーフではなく、羊

の肩肉と組み合わされていた。10年後、ハナー・グラスが『シンプルで簡単な料理法 *The Art of Cookery Made Plain and Easy*』で自分のレシピを発表し、この料理を「ヨークシャー・プディング」と名づけた。グラスは組み合わせる肉料理は特定していない。どちらの著者も、プディングのバッターをパンケーキのバッターと比較している。前者のレシピでは「パンケーキと同様になめらかなバッターを作りましょう」と指示しているが、グラスのレシピはより具体的だ。材料として牛乳1リットル、卵4個、塩少々と適量の小麦粉を挙げている。どちらの著者も、バッターは十分に熱した鍋に注ぐよう強調している。

当時、肉は串刺しにして、暖炉の前に置いて焼き、肉汁を受けるために鍋を肉の少し下に置いた。ヨークシャー・プディングを作るときは、この鍋を使う。肉が焼き上がる直前に、ジュッと音がするほど熱くなった肉汁受け皿にバッターを注ぎ入れ、上で焼けている肉の汁と風味をプディングに吸収させる。そうすると、プディングの底はパリッと焼け、表面はふんわり膨らむ。中は軽くふんわりして、表面はパリッとしたプディングを作るには、受け皿がかなり熱くなってからバッターを注ぎ入れるのがコツだ。表面をパリッとさせるために、プディングをひっくり返す料理人もいた。暖炉よりオーブンを使う調理法が普及すると、多くの料理人は肉をオーブンの上の段に置き、肉汁受け皿をその下に置いて、そこにバッターを入れることで、同じように肉の風味をプディングに吸収させた。

奇妙なことに、受け皿を熱くするよう指示していないレシピもある。ビートン夫人でさえ、間違った思いこみをしている。プディングをオーブンの中へ入れて1時間ほど焼いてから、「流れ出る肉汁を受けるように」肉の下に置くべきだと書いている。ヨークシャー出身者はこれを、「真っ当なヨークシャー・プディングを作れるのは北部生まれの人間だけ」という主張の根拠にしている。

ヨークシャー・プディングのバッターにソーセージを加えたものは、「穴の中のヒキガエル(toad-in-the-hole)」と呼ばれる。

◉ブレックファスト・パフとポップオーバー

伝統的なヨークシャー・プディングは、肉汁受け皿の大きさのひとつのかたまりとして焼かれ、それから四角に切って供された。アメリカでもヨークシャー・プディングは同じように作られる。その後、1877年に、メアリー・フット・ヘンダーソン著『実用的な料理と夕食の提供 *Practical Cooking and Dinner Giving*』にヨークシャー・プディングの従兄弟のような料理が登場した。これは「ブレックファスト・パフ、またはポップオーバー」と呼ばれ、小麦粉、牛乳、卵を混ぜたバッターを使ってヨークシャー・プディングと同様に作られ

今日ではヨークシャー・プディングはひとり分の大きさのものが人気がある。

るが、1個ずつが小さな形になる。しかしながら肉汁を加えないので、風味はまったく異なる。(1)それでも、上手に作るコツは、熱く熱した焼き皿を使うことだ。その後、ファニー・ファーマーも「ポップオーバー」という名前でレシピを書き、「バターを塗って、ジュッと音がするくらい熱した鍋」で焼くよう指示した。(2)「ポップオーバー」という名前は、焼いていると膨らんでティーカップサイズの鍋の縁から飛び出すところから付けられたと言われている。今日、ポップオーバーは朝食より、ステーキやハンバーグを専門にするレストランで、アペタイザーとして供されることが多くなっている。

●バッターとフルーツ

ヨークシャー・プディング以外で最も有名なバッター・プディングは、フランスのクラフティだろう。フランス人はこれをプディングではなく、フラン［カスタード、果物、チーズなどを詰めたタルト］またはケーキに分類している。リムーザン地方発祥の菓子で、ブラックチェリーを甘いパンケーキ（またはクレープ）のバッターで覆い、オーブンで焼いたものだ。今日ではブラックチェリー以外のチェリー、または他のフルーツも使われる。同様に、イギリスやアメリカでも、フルーツをたっぷり使ったバッター・プディングは人気のデザートになった。19世紀には、風味の良いプディングを作るために、ブラックベリー、クランベリー、チェリー、プラム、リンゴ、とろ火で煮たプルーンやスグリがバッターに加えられた。

ほとんどの料理人は、フルーツを加えるときは、フルーツがプディングの底に沈んでしまわないように、バッターの濃度を通常より濃くする必要があると考えていた。だが、エリザ・アクトンは、あるプディングのレシピで、わざとスグリが底に沈むようにした。そうすれば、あとでひっくり返したときに、スグリが表面に出るからだ。これは「ブラックキャップ・プディング」と名づけられ、アクトンは「品質の良い、粉を少なめに薄くしたバッター」で作るよう指示した。

ブラックチェリーのクラフティは、伝統的なフランスの家庭料理だ。

フルーツを使ったプディングにはさまざまなバリエーションがある。鍋の底にジャムやママレードを幾層にも重ねた上にバッターを注いで焼くと、ひっくり返したときに、ソースのようにプディングを覆うものができる。また、「ノッティンガム・プディング」と呼ばれるものは、皮をむいて芯を取ったリンゴで作り、中心に砂糖を詰めて、皿に並べたリンゴ全体にバッターを注ぐ。そして、リンゴが柔らかくなり、バッターがカリッとして、焦げ目がつくまで焼いた。

◉プディング・ケーキ

イギリスとアメリカでは、18世紀から19世紀にかけて、多くのバッター・プディングは何も加えないバッターをプディングクロスで包んで蒸すか、オーブンで焼いたものだった。その中で、「サザランド」または「キャッスル」・プディングと呼ばれるものは、小さな鍋に入れてオーブンで焼き、ひっくり返したときにカップケーキのように見えた。エリザ・アクトンはそれにバターとレモンまたはメースを加え、「冷めると上質のパウンドケーキのようになるので、同じように供すればいい。ワインソースも一緒にテーブルに運ぶといい」と書いている。

エリザベス・ラファルドが作った「リトル・シトロン・プディング」もこれによく似たもので、ティーカップに入れてオーブンで焼き、上にスライスしたシトロンを振りかけた。このような小さなバッター・プディングは、しばしば「すぐにできる」という意味で「プディング・スーン・メイド（Pudding Soon Made）」や「ミニット・プディング（Minute Pudding）」と呼ばれた。何も入っていないバッター・プディングは、通常煮込んだフルーツや甘いソースを添えて供され、そのせいで『プディング、ペストリー、甘い料理 *Puddings, Pastries and Sweet Dishes*』の著者メイ・バイロンは以下のように書いている。

きわめて平凡であまり面白味のないプディングも、良いソースを加えることで一変し、評価を上げることができる。風味の良いプディングならさらにおいしくなり、普通のプディングなら大いに改良される。(3)

ソースは一般に、バター、砂糖、ワイン、あるいはバターと砂糖、アメリカでは糖蜜とバターを混ぜて作った。ビートン夫人のバッター・プディングには、上にオレンジママレードを塗るものもあった。いくつかのレシピでは、バッター・プディングは鍋をひっくり返したらすぐに供するよう勧めている。そのまま置いておくと、しぼんで固くなってしまうからだ。

THE MAPP OF LUBBERLAND
or the Ile oF Lasye
Gallants when you this peece haue rightly Scand
Then know it is the Mapp of Lubberland
Orth Ile of Lasye name it which you please
Where none doe laboure all doe Liue at ease
Capons Piggs Geese come ready rosted there
Lye all alonge you cannot want good cheare
And for your entrance that askes no great Studdy
Tis only wald aboute with a hasty Pudding
If you loue rest there is your only keeping
Where thay haue six pence euery day for Sleeping
This Ile is in the Clime cald any Where
As easye to be found as Cuckoldsheire

天国では、山々はプディングでできている。この1670年頃作製された作者不明の銅版画は、『怠け者の天国』を描いている。

実際、ドロシー・ハートレーは、伝統的なイギリスの料理法を概説した『イギリスの食べ物 *Food in England*』（1954年）の中で、自分の現代的なバッター・プディングについて、「ひっくり返して温めた皿に載せたなら、すぐに供しなさい（冷めたら革のようになる）」と書いている。(4)

19世紀から20世紀初頭にかけて、アメリカの料理本には、これとよく似た「コテージ・プディング」と呼ばれる、ケーキのようなプディングがよく掲載されている。ただのスポンジケーキに、バイロンが勧めていたように、温めたレモンなどの甘いソースを添えて供されることもあった。だが、たいていは初期のイギリスのプディングのように、バッターにフルーツを加えてからオーブンで焼いた。また、スライスして甘く煮たリンゴの上にバッターを注いで焼いたものもあった。多くのレシピには重曹、クリームタータ〔卵白をしっかり泡立てるための食品添加物〕、ベーキングパウダーが使われている。

20世紀にはこれらはプディングというよりはケーキとして認識されていた。ファニー・ファーマーは「コテージ・プディングはスポンジケーキで作られ、温かいままソースをかけて供する。スポンジケーキの型、エンゼルケーキ〔卵白だけを使った白いケーキで、真ん中に穴がある型で焼くのでエンゼルケーキと呼ばれる〕型、マフィンの型を使って焼く」と書いている。そして、バニラ、レモン、オレンジ、ラズベリーのソースやハードソース〔バター、砂糖、酒、クリームなどを混ぜ合わせたソース〕をかけたり、煮込んだフルーツを添えることを勧めている。上にホイップクリームを飾るのは、ファーマーによると「好き好き」とのことだ。(5)

●ソーサー・プディング

ドロシー・ハートレーは、「テュークスベリー・ソーサー・プディング（すばやく簡単に作れる軽食）」と呼ぶ一風変わった小さなバッター・プディングについても書いている。

テュークスベリー周辺や果物狩りが行われる地域では、ティータイムにおいしい「ソーサー・プディング」を作る。果物狩りをした女性は、野原でソフトフルーツ［イチゴなど硬い皮や大きな種のない小さな果実］を手にいっぱい摘み、卵を集めて持って帰り、やかんのお湯が沸くまでに料理を用意する。

ソーサー・プディングを作るために、料理人はシンプルなバッターを作り、温めてバターを塗った、皿のような形の2枚の型に流し入れ、10分ほど焼く。それとは別に、フルーツと砂糖を煮ておく。バッターが焼き上がると、型から出し、2枚のケーキの間にフルーツをはさむ。そして、プディングの上に砂糖を振りかけ、「でき立て」をティータイムの甘いお菓子としてふるまった。

第10章 ◉ 野菜のプディング

あつあつのピース・プディング、つめたいピース・プディング、
なべの中のピース・プディング、9日目のピース・プディング。
童謡、18世紀

『マザーグースの歌』のおかげで、プディングやポリッジには昔から豆類が使われていたことがわかる。あまり知られていないのは、ジャガイモ、カボチャ、ニンジン、ホウレンソウ、パセリ、マリーゴールド、クリ、トウモロコシ、ヤムイモを使ったプディングだ。こうしたプディングの多くはすでに忘れ去られたが、いくつかは今も残っていて、有名なものもある。

17世紀にプディングクロスが使われはじめるまで、伝説的なピース・プディングはピース・ポリッジとも言えるものだった。だが、このピースは春に旬を迎える生の豆ではなく、1年中使えるように、ふたつに割って乾燥させた豆が使われた。プディングを作る手順としては、豆は一晩水に浸し、翌日茹でて、水気を取り、裏ごしする。それから、バター、卵、調味料を加え、プディングクロスで包んでしばり、1時間ほど茹でる。そして、豚肉かベーコンがある家では、一緒に皿に盛り、温かいまま供した。残った分は、童謡にあるように、スライスして温め直すか、冷たいまま供した。ピース・プディングは典型的な節約料理だった。

当時、プディングは野菜から作られただけでなく、野菜に入れて作られることもあった。料理人はニンジン、カブ、キュウリをくりぬき、その中にすりおろしたパン、細かく刻んだ肉、フルーツ、砂糖、スパイスを混ぜたものを詰めてオーブンで焼いた。こうしたプディングは、つつましいというよりむしろ洗練された食事の一品だった。ロバート・メイはマスクメロンの中に、すりおろしたパン、アーモンド、ローズ水、砂糖、卵の黄身、スパイス、ハーブを混ぜて作ったプディングを詰めた。同じものをキュウリ、カリフラワー、キャベツ、パースニップ［ニンジンに似たセリ科の根菜］、カブ、ニンジン、あるいは大きなタマネギに詰めてもよいとメイは書いている。

◉春のプディング

科学によってビタミンの栄養素としての必要性が認識されるずっと以前から、人々は新鮮

1774年のガブリエル・ブレイによる水彩画を見ると、イギリスの海軍兵たちが軍艦「パラス」の甲板でピース・プディングを食べているのがわかる。

な野菜のない長い冬の終わりになると、春の野菜を待ちこがれていた。実際、19世紀になるまで、多くの人々が冬の間に壊血病にかかっていたので、新鮮な野菜は単に季節のごちそうというだけでなく、健康食品でもあった。料理人は自生している野菜を集め、オートミールやパンくずで作るプディングに加えた。普通はプディングをクロスに包んで蒸したが、オーブンで焼く人もいた。

イギリス北西部では、春になるとビストートという植物を使って、イースター・レッジ・プディング、またはレッジ・プディングと呼ばれるハーブ・プディングが作られる。ビストートは「レッジ」とか「ドック」とも呼ばれる。この植物の葉には魔力と薬効があると信じられており、流産を防ぎ、血を浄化すると考えられていた。野菜のプディングの材料には、「レディースマントル」［和名ハゴロモグサ。葉が聖母マリアのマントに似ていることから名づけられた］と呼ばれるハーブの葉も使われた。こうしたハーブに魔力があると考えられたのは、その葉が輝く朝露をたたえている姿からだ。

レッジ・プディングの昔ながらの作り方は、何種類かの葉とオートミール、大麦、塩、水を混ぜ、一晩寝かしておく。翌日水気を切ってからプディング型に流しこみ、オーブンで焼くというものだ。また、葉をゆがいてから卵と混ぜ、スクランブルエッグを作る場合もあった。レッジ・プディングは復活祭にベーコン、子牛または子羊の肉とともに供された。[1]

また、ドック・プディングと呼ばれるものは、オートミールとバターに、ドックリーフ［和

ウェストミンスター寺院の聖歌隊員は復活祭を、プディングを運ぶ行列で祝う。

名エゾノギシギシ。イギリスでは解毒作用があると信じられている」、スプリングオニオン、イラクサ、ハーブを入れて作った。ドック・プディングはベーコンエッグとともに朝食に食べるのが伝統的だ。このプディングが絶滅危惧種になることを恐れて、ウェストヨークシャー州カルダーデール地区のマイサムロイドの住民は、1971年にドック・プディング料理コンテストを開催した。以来このコンテストは毎年春を祝って開催され、おかげでドック・プディングは健在だ。

エドワード朝時代、質素なハーブ・プディングが、優雅な「ガード・オブ・オナー〔儀仗兵〕」・プディングとしてよみがえった。このプディングはオーブンの中で、軍隊式の結婚式で剣を交差させるように、ラムラック〔子羊の骨つきロース肉〕を配置し、その間に置いて焼かれた。このプディング自体は、やはりオートミールまたはパンを、パセリ、ホウレンソウ、リークなどの野菜と組み合わせて作られた。

◉テーブルの上の野菜

野菜のプディングといってもピンからキリまである。ピンは「ガード・オブ・オナー」やハンナ・ウーリーのグリーン・プディングのような、凝った料理にかける時間とお金がある

このランドルフ・コールデコットによるインク画に描かれているように、イギリス人の行くところどこにでもプディングがある。

場合だ。ハンナ・ウーリーは『女王のような収納室 *The Queen-like Closet*』（第2版1672年）の著者で、クリーム、卵、すりおろしたパン、ホウレンソウを使ってグリーン・プディングを作った。プディングが完成してクロスから取り出したあと、ふたつに割って湯通ししたアーモンドを突き刺し、その上からバター、ワイン、砂糖で作ったソースをかけた。ウーリーはヤマアラシのように見えると書いている。[2]

リチャード・ブラッドレーの18世紀の料理本『田舎の主婦と淑女の指南書 *The Country Housewife and Lady's Director*』には、茹でて作るキャベツ・プディングのレシピが掲載されている。これは細かく刻んだ同量の牛肉とキャベツに卵、パンくず、調味料を加えて作る。このレシピは「サフォーク州の上流婦人」の寄稿によるもので、彼女は「このプディングは上流階級より下層階級の人々向きかもしれない」と書いている。(3) 19世紀中頃のイギリスの料理本作家マリア・ランデルは、比較的つつましいインゲン豆のプディングを作っている。それは「古い豆」とコショウ、塩、クリーム、卵の黄身、それに色を付けるためにホウレンソウの汁を混ぜ、茹でたものだ。ボウルに入れて茹でたあと、パセリとバターを混ぜたものを上からかけて、ベーコンを添えて供した。(4)

ジャガイモ、ニンジン、ホウレンソウなどの野菜はメインの食材としてではなく、お金をかけずにプディングに濃度をつける食材として使われた。エリザ・アクトンは、小麦粉、スグリ、レーズン、スエット、砂糖、スパイスの他に、マッシュしたジャガイモとニンジンを加えて野菜入り「プラム・プディング」を作った。彼女はこのプディングを「安上がりでおいしい！」とし、卵を加えたほうが、クロスから出したときに形が壊れにくいと書いている。

ニンジンは野菜のプディングの材料として特に人気があった。1699年にロンドンで出版されたジョン・イーヴリン著『アセタリア：サレットに関する論文 *Acetaria: A Discourse of Sallets*』［アセタリアはスペイン語で酢漬けにした野菜のこと］には、さまざまなサレット、すなわちサラダの他に、オーブンで焼いて作るキャロット・プディングのレシピが含まれている。ニンジンはすりおろし、卵、バター、クリーム、砂糖、スパイスと合わせ、すりおろしたパンで濃度をつけた。イーヴリンはこのレシピについて、「この構成はあらゆる根野菜のプディングに使える」と書いている。18世紀イギリスでは、同じようなキャロット・プディングが広く作られていた。通常はプディング・パイと呼ばれ、パイ生地を敷いた鍋に流し入れてオーブンで焼いた。

アメリカでは、アメリア・シモンズがカボチャ、ジャガイモ、ニンジン、冬カボチャを使ったプディングのレシピを料理本に掲載した。カボチャを使ったプディングのレシピについては、以下のように書いている。

このレシピを使うと、カボチャだけでなく、ジャガイモ、ヤムイモのプディングもおいしくできます。その場合は水または牛乳と、ローズ水を多めに加えてください。牛乳とローズ水を加えるときは、クロスグリかリスボンスグリ、またはドライビルベリーを散らせると、さらにおいしくなります。

シモンズのキャロット・プディングは、ニンジン、卵、砂糖、バター、シナモン、ローズ水を合わせて茹でて裏ごしする。それをパイ皮などは使わずに深皿に入れてオーブンで焼くよう指示している。(5) キャロット・プディングを作ったのは、イギリス人とアメリカ人だけではなかった。19世紀のロシアの著名な料理本であるエレナ・モロコヴェッツ著『若い主婦への贈り物 *A Gift to Young Housewives*』（1861年）には、シモンズのものとよく似たキャロット・プディングのレシピが掲載されている。シモンズのレシピと異なるのは、オーブンで焼くのではなく蒸すことと、ローズ水を使わないことだ。

●甘い《スイート》プディングと甘くない《セイボリー》プディング

多くの野菜のプディングには少量の砂糖が含まれているが、それでも甘くない《セイボリー》プディングとされていた。しかし、基本的な混ぜものに砂糖または糖蜜、レーズン、砂糖漬けのシトロン、シナモン、クローブ、ナツメグ、オールスパイスが多めに加わると、プディングはデザートに変身した。今日の北アメリカでは、甘味を加えたカボチャやスイートポテトのタネは、プディングというより甘くない《セイボリー》秋のパイとして供されるが、ニンジンはケーキやマフィンのタネに混ぜて使われることが多い。

コーンミールを使って作るアメリカのプディングは、ヘイスティ・プディングもインディアン・プディングもよく知られている。だが、生のトウモロコシを使ったプディングも、北アメリカでも南アメリカでも一般的だ。実際、これらは今日作られているいくつかの野菜のプディングの代表格だ。ニューイングランドの甘くない《セイボリー》コーン・プディングは、生のトウモロコシの実と卵、クリーム、小麦粉、塩、コショウを合わせて作られ、オーブンで焼いて副菜として供される。南アメリカでは、スイートなコーン・プディングが好まれている。ブラジルのコーン・プディング、クラウ・ジ・ミーリョ・ヴェルデ（curau de milho verde）は、裏ごししたトウモロコシの実、牛乳、砂糖、シナモンを使い、ヘイスティ・プディングのようにかき混ぜる。ペルーでは、かき混ぜて作るコーン・プディングは乾燥させた紫トウモロコシで作り、パイナップル、ドライフルーツ、リンゴ、シナモン、クローブ、砂糖、ライム果汁、コーンスターチを混ぜる。マサモーラ・モラーダ（mazamorra morada）と呼ばれ、シナモンを振りかけて供する。

ベトナムにはチェーバップ（che bap）というデザート・プディングがある。トウモロコシ、米またはタピオカ、砂糖を混ぜて作り、ゴマの実やパンダンリーフ［タコノキ科の香りのよいハーブ］を加えることもあり、ココナッツクリームのソースをかけて供する。一般にはそう考えられていないが、イタリアのスフォルマート（sformato）（「形がない」の意）も甘くない《セイボリー》プディングだ。スフォルマートはホウレンソウやナスなどの野菜を加熱して裏ごししたものに、パンくずまたはベシャメルソース、卵、チーズ、調味料を混ぜるが、肉や魚が入ることもある。それを型（通常は湯煎鍋《バン・マリー》）に入れてオーブンで焼き、皿に空けて供する。

第11章 ◉プディングの過去と未来

プディングの味は食べてみなければわからない。
ウィリアム・キャムデン著『ブリテン史拾遺 *Remaines of a Greater Worke Concerning Britaine*』、1605年

かつてプディングは、ほぼイギリス全土で身近な料理だった。多くの家庭が少なくとも1日に一度は食べ、学校、宿屋、パブ、レストランはそれぞれ特製のプディングを出していた。活字のものも手書きのものも、料理本には祝日用のぜいたくなものから「すぐ作れるプディング」まで、さまざまなプディングのレシピが掲載されていた。家庭ではプディングを梱包し、国内に離れて住む息子や娘に、故郷を思い出すよすがとして送った。プディングの種類とその供し方は無限にあるように思われた。

ところが、第一次世界大戦後、新しく粉末のプディングミックスの製造技術が開発された。特にアメリカでは、セルフサービスの食料品店が増えたことで、プディングミックスの普及

に拍車がかかった。初めて箱入りプディングミックスを売り出したのはマイTファイン社で、1918年に発売された。こうした初期の「レディーメード」プディングは、粉末を牛乳に混ぜて、ドロリとなるまでかき混ぜながら加熱し、冷やして作る。当時フルーツ風味のゼリー製品で有名だったジェロー社は、当初粉末プディングを軽視するような広告を出していたが、1930年代になるとプディングの流行に便乗した。他にもノックス社やローヤル社がプディング製品を売り出し、チョコレート、レモン、バナナクリームなどのフレーバーが人気を博した。これらの企業はレシピ本も出版し、パイ、ケーキにはさむクリーム、フランス菓子のチョコレートスフレまで、プディングミックスを使って簡単に作れるさまざまなデザートのレシピを掲載した。

1940年代後半には、まさに即席プディングの素が発売された。まったくの手間いらずで、プディングの素を冷たい牛乳に混ぜるだけでいい。『ニューヨーク・タイムズ』紙のコラムニスト、ジェーン・ニッカーソンはアマゾ（Amazo）という商品名を「うまく名づけたものだ」と評し、続けて「この製品はわが社の試食係をうならせた。彼らの味覚は……めったなことでは感銘を受けないのだが」と書いている。

20世紀中頃には、プディングは人気の家庭料理という栄誉ある地位を失った。それにはいくつか理由がある。そのひとつは、財政状況が改善したため、食事の際に最初にプディング

スポッテッド・ディック。特にこの写真のようにカスタードをかけて供されるものは、学童たちのお気に入りだ。

を食べて空腹を満たす必要がなくなったことだ。一方、特にイギリスでは、第二次世界大戦中と戦後の食糧の配給制度のために、家庭で愛するプディングを作ることが困難になった。さらに、プディングを作るには時間がかかる。女性が外に出て働くようになると、多忙なためにプディングが蒸し上がるのを何時間も待っているより、すぐに食べられるプディングの素あるいは缶詰のプディングと、箱入りのカスタードソースの素を買うようになった。その結果、プディング作りに必要な料理の技術が失われ、実際に発展しなくなった。

今日プディングクロスの使い方を知

っている人がどれほどいるだろう。1960年代のイギリスで育ったフードライターのナイジェル・スレーターはその著書『トースト：ある少年の空腹の物語 *Toast: The Story of a Boy's Hunger*』で、子供の頃は日曜日の昼食に、ハインツ社の缶詰のスポンジプディングを食べたと懐かしげに書いている。母親はカスタードソースを作れないので、このプディングの上にやはり缶詰のネスレ社のクリームをかけた。

アメリカでは、レシピ本の著者はこのような手間のかからないプディングを熱心に推奨した。1963年度版の『グッドハウスキーピングの料理本 *Good Housekeeping Cook Book*』では、こうした製品を「食料棚の蒸しプディング」と呼び、「おいしいプラム、デーツ、イチジクのプディングが缶詰になり、小さい缶と大きい缶がある」と書いている。プディングを一から手作りするのは、とんでもなく時代遅れのように思われた。

だが、いくつかの伝統的なプディングは、アメリカにおいてもしぶとく生き残った。1974年度版の『ファミリーサークルの料理本 *The Family Circle Cookbook*』には、「珍しい料理」という見出しの下に、こうしたプディングのレシピがまとめて掲載された。簡単な作り方やミックス粉で作るインスタント・プディングのレシピの方が、はるかに数は多くなったが、それでも昔ながらのインディアン・プディングやプラム・プディングは、コミュニティの料理本に掲載されつづけた。

その後、すっかり時代遅れになったと思われたころ、手作りのプディングは返り咲きを果たした。地元の、職人技の「スローフード」を食べたいという欲求が高まるとともに、料理人たちは伝統的なプディングに再び目を向けはじめた。市販のプディングやインスタント・プディングの品質に飽き足らなくなると、進取の気性に富んだ料理家やシェフたちは、質の向上と名声の回復、そして昔のような象徴的な地位への復帰をめざして、再びプディングに取り組みはじめた。1985年には、イギリスのプディング愛好家が集まって、「この種の生き残りを確実にする」ために、プディング・クラブを設立した。それ以来、クラブは繁栄と発展を続けている。新聞や雑誌だけでなく、BBCを始めとする多数のテレビやラジオの番組でも取り上げられた。このクラブは料理本を出版し、さらには独自のプディング商品ラインももっている。クラブが主催するプディング・ナイトは、会員だけではなく世界中から訪問客を引き寄せている。

プディング復活のもうひとつの兆しとして、『グルメ』誌の2000年3月号に、以下のような記事が掲載された。

イギリスのシェフは「プッド（プディング）」を再発見した。ジャム・ローリーポーリー、ティプシーケーキ、スポッテッド・ディックといった愉快な名前をもち、茹でたり、蒸したり、焼いたりして作るデザートで、さまざまな種類があり、その起源は、一説によれば聖書の時代までさかのぼる。

『グルメ』誌は、スポッテッド・ディックやジャム・ローリーポーリーのレシピを掲載しただけでなく、さらに重要なことには、スエットの処理方法やスエットを使ったペストリー生地の作り方も解説した。それにより、伝統的なプディングの復活への道が開けた。

今日の料理本、食の雑誌、ブロゴスフィア［ブログのユーザーによって構成されるネット上のコミュニティ］には、伝統的なものも革新的なものも含め、プディングのレシピがあふれている。大西洋の両側の高級レストランでは、スイート・プディングはもちろん、甘くない《セイボリー》プディングも人気を博している。今日ではさすがに独自のブラッド・プディングやハギスを作る家庭はほとんどないが、レストランの料理や市販されているものの中には美味なものが少なくない。テキサス州オースティンでイギリス人のパン職人がオーナーを務めるザ・スティッキー・トフィー・プディング・カンパニーは、スーパーマーケットやオンラインで販売するプディングの商品ラインでいくつも賞を獲得している。メニューにはスティッキー・トフィー、イングリッシュ・レモン、スティッキー・ジンジャーなどがある。イギリスでは、1990年にチャールズ皇太子によって設立され、オーガニック食品と持続可能な農業の

ジャム・ローリーポーリーは、昔はプディングバッグに入れて茹でていたが、今日ではオーブンで焼いてカスタードをかけて供されることが多い。

プディング・クラブの一番のお勧めは、スティッキー・トフィー・プディングだ。

推進を目的とするダッチーオリジナルズ社が独自のプディングを販売している。クリスマスの時期になると、同社は1930年代のレシピに基づいたプラム・プディングを生産する。

プディングは今ささやかな復興期の真っ只中にある。ここ数年間でよく目にするようになり、質も向上した。だが、食卓にプディングがあるのが当たり前だった過去の地位を取り戻したとまでは言えない。だが、それは感謝すべきことでもある。昔人々は肉を買う余裕がないために、こってりしたスエット・プディングで空腹を満たしたが、もうその必要はなくなった。子供たちはおいしくもないライス・プディングを（また！）夕食に出されて泣き出したりせず、大人たちと一緒に、変化に富んだ食事をとることができる。ケチな改革論者が、貧しい人々に安上がりのヘイスティ・プディングを与えて、経費節減を推奨することもなくなった。ライターたちはプディングのために釈明したり、極端な愛国心や大げさな表現を使って弁護したりする必要はない。

今や私たちはプディングをありのままに楽しむことができる。特別なディナーの締めくくりに、クイーン・オブ・プディングを満喫することもできるし、自分へのご褒美にこってりしたブラッド・プディング付きの朝食を味わうこともできる。また、炎に包まれたプラム・プディングで冬の寒い日に温かさを、子供たちに喜びをもたらすこともできる。私たちはプディングのあるひとときを、また祝い、楽しむことができるのだ。

謝辞

本を書くという作業は、人々がいかに寛大で思いやり深いかを思い出すための、素晴らしい方法だ。友人、親戚、知人はみな喜んでプディングに関する本、思い出、レシピを提供し、アドバイスしてくれた。インターネットを通じてしか交流がない人々も同様で、そのことで私はいっそう感銘を受け、鼓舞された。

アンディ・スミス、ジョー・カーリン、パトリシア・ケリー、バーバラ・ケチャム・ホイートン、キャスリーン・ウォール、ジャクリーン&パーヴィッツ・アミルフォー、ローラ・マクラウド、リーラ・ファンガー、アン・フォークナー、ナンシー・スタッツマン、クリスチアーヌ・リード、サイモン・バヤット＝マークー、サンドラ・シャーマン、メアリー・ルー・ナイ、トレーシー・クラロス、デビー・ピアース、ウィニー・ウィリアムズ、ダン・コールマンに特別な感謝を伝えたい。また、ハーバード大学シュレシンガー図書館のスタッフと図書館員のみなさんの忍耐強さと知識には大いに恩恵を受けた。

私のライティング・ワークショップのメンバーのマーナ・ケイ、ロベルタ・レヴィトン、バーバラ・メンデ、サブラ・モートン、シャーリー・モスコー、ベス・ソルダット、モリー・ターナー、ローズ・イェスには、この原稿をすべて読み、その大部分を改良してくれたことに特別な感謝を捧げたい。

みなさん、ありがとう。

また、ニューヨーク公共図書館、ミシガン州アナーバーのクレメンツ図書館、全国各地の図書館にもお礼申し上げる。図書館がなければ、私たちの生活はどれほど味気ないものになることか。もちろん、データベースの価値は大きいが、それだけでは間に合わない。

多くの方々に力を貸していただいたが、本書中に間違いがあれば、すべて私に帰するものである。

訳者あとがき

本書『プディングの歴史 *Pudding: A Global History*』は、イギリスのReaktion Booksが刊行しているThe Edible Seriesの1冊で、このシリーズは2010年、料理とワインに関する良書を選定するアンドレ・シモン賞の特別賞を受賞しました。

著者のジェリ・クィンジオ（Jeri Quinzio）は食べ物の歴史を専門とするフリーランスのフードライターで、著書に2010年度国際料理専門家協会（IACP）の料理史賞を受賞した『*Of Sugar and Snow: A History of Ice Cream Making*』や、『図説デザートの歴史』などがあります。

日本でプディングと言えば、まずカスタードプリンが思い浮かびます。ちなみに、「プリン」は日本独自の呼び名です。甘くて口当たりの良いデザートにぴったりの名前ですね。ところが、本書によると、その先祖は日本の「プリン」とは似ても似つかない、動物の血が入ったタネを、内臓に詰めたソーセージのようなブラック・プディングだとのことで、ちょっとびっくりでした。
『お菓子の由来物語』(猫井登著、幻冬舎、２０１６年)には、プディングのルーツに関する、もうひとつの説が紹介されています。16世紀、海の覇者となったイギリス艦隊の最大の問題は航海中の食糧でした。それで、貴重な食糧を有効活用するため、残り物の肉の小片やパンくずなどを卵液と一緒に蒸し焼きにし、それがプディングのはじまりだというものです。

プディングが日本に伝わったのは江戸時代後期から明治時代の初めと言われています。最初に文献に登場するのは、１８７２年(明治5年)刊行の『西洋料理通』で、「ポッデング」と表記されています。

日本の著名人では、夏目漱石のロンドン留学時代(１９００〜１９０２年)の日記に、下宿で出された食事の一皿として「プッヂング」「プヂング」という記述が見られます。漱石は小説『行人』でも、主人公の幼い姪のおやつとして「プッジング」を登場させています。

ギリシャ生まれでアイルランド育ちの小泉八雲(１８５０〜１９０４年)は、望郷の念にかられたのか、最晩年にクリスマス・プディングをわざわざ輸入して食したそうです。また、八雲は『ラフカディオ・ハーンのクレオール料理読本』(復刻版は鈴木あかね訳。

ＣＣＣメディアハウス。２０１７年）という料理書を残しています。八雲は来日以前にニューオリンズで新聞記者をしていた時期があり、その体験からニューオリンズのクレオール料理を紹介しているのですが、その中に「クリスマス用のスモモプディング」、「サツマイモのプディング」、「おいしいパンプディング」など、プディングのレシピがいくつか含まれています。クリスマス・プディングの「お取り寄せ」といい、プディングという料理がかなりお好きだったのではないでしょうか。『怪談』で有名な八雲の、意外な一面を知った思いです。

本書では日本料理については触れられていませんが、茶碗蒸しはプディングの仲間だと言っていいでしょう。「ライス・プディング」の章にはお粥のようなレシピが出てきますし、「スノーボール」は「おはぎ」をほうふつとさせます。「プリン」以外にも、日本にはプディングの仲間は思ったよりたくさんあるように思えます。

最後になりましたが、本書の翻訳にあたり、原書房の中村剛さんと善元温子さん、オフィス・スズキの鈴木由紀子さんに大変お世話になりました。心よりお礼を申し上げます。

２０２１年９月

元村まゆ

写真ならびに図版への謝辞

著者と出版者は、図版の提供と掲載を許可してくれた関係者にお礼を申し上げる。

Author's collection: pp. 11, 17, 25, 27, 91, 94; Bigstock: pp. 49, 59, 71, 75, 112, 119, 137 (Monkey Business Images), 138 (Fotosmurf01), 146, 165, 169 (Monkey Business Images); The Bridgeman Art Library/ 'Pudding Time', plate 6 from *Illustrations of Time*, published 1827 (etching) by George Cruikshank (1792–1878), Fitzwilliam Museum, University of Cambridge, UK: p. 12; British Library, London: p. 24; © The Trustees of the British Museum: pp. 12, 13, 21, 29, 51, 57, 64, 69, 81, 86, 87, 99, 149, 158; courtesy of The Bury Black Pudding Company: pp. 35, 170; Library of Congress: pp. 53, 80, 84, 93; © National Maritime Museum, Greenwich, London: p. 155; The New York Public Library: p. 23; New York Historical Society: p. 114; courtesy of the Pudding Club: pp. 9, 170; Rex Features: pp. 121 (Monkey Business Images), 129 (Woman's Own), 144 (Clive Dixon), 156 (Andrew Dunsmore); Schlesinger Library, Radcliffe Institute, Harvard University: p. 31; Shutterstock: pp. 6 (lisasaadphotography), 136 (highviews).

(New York, 1958)
Smith, Andrew, *The Oxford Encyclopedia of Food and Drink in America* (Oxford, 2004)
Thomas, Helen, *The Pudding Book* (London, 1980)
Thompson, Flora, *Lark Rise to Candleford* (Boston, MA, 2009)［フローラ・トンプソン『ラークライズ』石田英子訳、朔北社、2008年］
Turner, Keith, and Jean Turner, *The Pudding Club Book* (London, 1997)
Wilson, C. Anne, *Food and Drink in Britain: From the Stone Age to the 19th Century* (Chicago, IL, 1991)

参考文献

詩とは、言葉でつづるプディングに他ならない。

ヘンリー・ケアリー著とされる
『*A Learned Dissertation on Dumpling*
（ダンプリングに関する学術的論文）』（1726年）より

Acton, Eliza, *Modern Cookery for Private Families* (London, 1864)

Beeton, Isabella, *The Book of Household Management, facsimile reprint of 1861 edition* (New York, 1968)

Bradley, Richard, *The Country Housewife and Lady's Director*, facsimile reprint of 1736 edition (London, 1980)

Brears, Peter, *All The King's Cooks* (London, 1999)

Brown, Susan Anna, *The Book of Forty Puddings* (New York, 1882)

Byron, May, *Puddings, Pastries and Sweet Dishes* (London, 1929)

Carey, Henry (attrib.), *A Learned Dissertation on Dumpling*, facsimile reprint of 1727 edition (Los Angeles, CA, 1970)

Coe, Sophie, manuscript cookbook collection, 1704–1924, at Schlesinger Library, Cambridge, MA

Davidson, Alan, *The Oxford Companion to Food* (Oxford, 1999)

Fitzgibbon, Theodora, *A Taste of London* (Boston, 1975)

Glasse, Hannah, *The Art of Cookery Made Plain and Easy*, facsimile reprint of 1796 edition (Hamden, CT, 1971)

Hartley, Dorothy, *Food in England* (London, 1954)

Mason, Laura, and Catherine Brown, *Traditional Foods of Britain* (Totnes, Devon, 1999)

Murrey, Thomas J., *Puddings and Dainty Desserts* (New York, 1886)

Paston-Williams, Sara, *The National Trust Book of Traditional Puddings* (London, 1986)

Pool, Daniel, *What Jane Austen Ate and Charles Dickens Knew* (New York, 1993)

Saberi, Helen, *A Pudding Book* (Ludlow, Shropshire, 2006)

De Salis, Mrs (Harriet Anne), *Puddings and Pastry à la Mode* (London, 1893)

Sherman, Sandra, 'English Nationalism', *Petits propos culinaires*, 78 (Totnes, Devon, 2005)

Simmons, Amelia, *The First American Cookbook: A Facsimile of 'American Cookery', 1796*

レシピ集

ああ、美しいひと、やさしいまことのひとよ、
若さを失い、美しさが衰えても
愛するひとの心をつなぎとめられる
秘密のお守りがあります

富を失い、空がわびしく曇っても、
年ごとに友人たちが心変わりをしても、
たったひとつ、いつでも心なぐさめられるもの、
愛するひとに心をこめてプディングを作りましょう

スーザン・アンナ・ブラウン
『40種類のプディングの本
The Book of Forty Puddings』
1882年

昔のレシピ

◉ブラッド・プディング

ジャーヴェス・マーカム著、『イギリスの主婦 *The English Hus-Wife*』(1675年)より。

ほとんど同じレシピがロバート・メイ著『熟達した料理人 *The Accomplisht Cook*』(1685年)にも掲載されている。

1. 豚がまだ温かいうちに血を抜く。
2. 粗挽きのオートミール1クオート(1.136リットル)以上をその血に浸し、3日目の終わりに手で血からオートミールを引き上げ、水気を切る。
3. そのオートミールを、1クオート以上の火にかけて温めた最高品質のクリームに入れる。
4. マザーオブタイム[シソ科のハーブの一種で和名はイブキジャコウソウ]、パセリ、ホウレンソウ、チコリ、エンダイブ、スイバ、イチゴの葉をそれぞれ少量ずつごく細かく刻み、細かく砕いたフェンネルシード、コショウ、クローブ、メース、塩も少量ずつオートミールに混ぜる。
5. 大量のスエットを細かく切り、よく叩いてからオートミールに加え、前に書いた通りに茹でる。

◉ドリッピング・プディング

1737年に匿名で出版された『女性のすべての義務 *The Whole Duty of a Woman*』より。

これは一般に、現在ヨークシャー・プディングと呼ばれる料理の最初のレシピと考えられている。

1. パンケーキのバッターと同じように品質の良いバッターを作る。
2. 鍋を火にかけて温め、少量のバターを入れて鍋底を少し焼いてから、バッターを鍋に入れ、羊の肩肉の下に肉汁受け皿の代わりにこのバターとバッターを入れた鍋を置く。頻繁にハンドル

を動かして揺らしているうちにバッターに火が通って軽くなり、塩味がつく。
3. 羊肉に火が通ったら火から下ろし、プディングを皿に空けて温かいまま供する。

……………………………………

◉二度焼きプディング

スーザン・アンナ・ブラウン著『40種類のプディングの本 *The Book of Forty Puddings*』(1882年)より。

1. 質の良いアップルソース1パイント(約570*ml*)に甘味を加えておく。
2. 卵の黄身2個をアップルソースとよく混ぜる。
3. バターを塗った器に入れ、オーブンで10～15分焼く。
4. 卵の白身をしっかり角が立つまで泡立て、半カップの精製糖を加える。
5. 焼いたプディングの上にこのメレンゲを広げ、もう一度オーブンに入れて焦げ目がつくまで焼く。

……………………………………

◉クリスマス・プディング

『ゴーディの婦人の本と雑誌 *Godey's lady's Book and Magazine*』(1857年)より。

1. パンくずと小麦粉それぞれ3オンス(約85*g*)に、卵3個と細かく刻んだスエット6オンス(約170*g*)、ナツメグ1/6個か入れすぎない程度に多めに混ぜる。
2. メースと挽くかすりつぶしたシナモンをひとつまみ、新鮮な牛乳を半パイント(約280*ml*)、スプーン――小さじと書いておくべきだろう――1杯の塩を加える。
3. これに種を抜いたレーズン(マラガ)と、きれいに洗ったスグリをそれぞれ正確に半ポンド(約225*g*)――8オンス(約227*g*)と言う人もいる――加える。
4. シトロンとレモン1.5オンス(約43*g*)を、最初に半分、あとで残りの半分加える。
5. 砂糖――湿糖が良い――4オンス(約113*g*)を加えると、ひじょうにコクのあるバッターができる。
6. 卵をクリームに入れ、スパイスを加えてかくはんする。お好みで牛乳や他の材料を加えても良い。
7. ここまで来ればプディングはできたも同然で、お湯も煮えたぎっている。バッターをプディングクロスに包んでしばり、鍋に入れ、火が通るまで7時間茹でたら完成だ。

さらに一手間かける

どれほど濃厚なプディングでも、料理人は往々にして、ソース、カスタード、クリームなどを添えて供するよう勧める。今日では、スクープ1杯のアイスクリームをトッピングするのが一般的だ。

◉プラム・プディングのソース

イザベラ・ビートン夫人、『家政読本 *Book of Household Management*』(1861年)より。

ブランデー…ワイングラス1杯
きわめて新鮮なバター…2オンス(約57*g*)
マデイラ酒…コップ1杯
粉砂糖…お好みに合わせて

1. 粉砂糖をボウルに入れ、ブランデー少々とバターを加える。
2. ボウルを暖炉のそばに置き、温まって砂糖とバターが溶けるまで待ち、溶けたら残りのブランデーとマデイラ酒を加える。
3. プディングの上からかけるか、チューリーン(蓋つきの壺)に入れて出す。これはきわめて濃厚で絶品のソースだ。

……………………………………………

◉ドイツのカスタード・プディング・ソース

エリザ・アクトン著『個人家庭向け現代料理法 *Modern Cookery for Private Families*』(1864年)より。

1. 半パイント(約280*ml*)の新鮮な牛乳または牛乳とクリームを合わせたもの、新鮮なレモンの皮をごく細く切ったもの1〜2個分、シナモン少々、バニラビーン半インチ(約1.3*cm*)、砂糖1.5〜2オンス(約43〜57*g*)を沸騰させ、牛乳にしっかり風味が付くまで弱火で煮る。
2. 裏ごしし、よくかくはんした卵の黄身3個分に少しずつ注ぎ入れる。
3. 小麦粉小さじ½、塩1〜2グレイン(約65〜130*mg*)、冷たい牛乳大さじ1を加えながら、なめらかになるまですばやく丸くかき混ぜる。
4. ソースをソース鍋に移し、濃度がつき、クリーム状になるまで泡立てるかすばやくかき混ぜる。濃度がついてきたら、鍋は火に直にかけずに、すこし浮かせておく。
5. ドイツ人はソースをミルにかけて泡立てる。あるいは泡立てても同じ効果があるが、そのための小さなミル——チョコレート・ミルのようなもの——はきわめて安価だ。

……………………………………………

◉ハードソース

ジェーン・カニンガム・クロリー著『ジェニー・ジューンのアメリカの料理本 *Jennie June's American Cookery Book*』(1870年)より。

ハードソースは、2カップの棒砂糖を砕いたものとラージカップ半分の無塩バターをライトクリーム[乳脂肪分が18%〜30%のクリーム]とかき混ぜたものだ。お好みにより風味を付けてもいい。プレーンなバッターにクリームを加えるプディングは、沸騰したお湯を大さじ2〜3杯加えて薄め、バニラで風味付けをするとよい。ナツメグはアップル・プディングに最高の香味料だ。ライス・プディン

グには、少量のレモン汁かワインを加えてもよい。

◉ワインソース

ジェーン・カニンガム・クロリー著『ジェニー・ジューンのアメリカの料理本 *Jennie June's American Cookery Book*』(1870年)より。

バター半カップと砂糖2カップをかくはんし、カップ1杯のワインをゆっくりと混ぜ入れていく。湯気を当てて溶かしていくが、溶かしている間はかき混ぜてはいけない。

◉雪の吹きだまり(スノードリフト)ソース

スーザン・アンナ・ブラウン著『40種類のプディングの本 *The Book of Forty Puddings*』(1882年)より。

1. 半カップのバターを白くなるまで泡立てる。
2. 細かく砕いた砂糖カップ1を加え、クリーム状になるまでゆっくりかき混ぜながら泡立てる。
3. ガラス皿に盛り、少量のナツメグをすりおろして、冷やして供する。

◉レモンソース

ルーファス・エステス著『おいしい料理 *Good Things to Eat*』(1911年)より。

1. レモン1個の皮をすりおろし、果汁をしぼる。
2. コーンスターチ小さじ3、砂糖カップ1、沸騰した湯カップ2を混ぜて、かき混ぜながら10分間煮る。
3. レモンの皮と果汁、バター小さじ1を加える。

現代のレシピ

◉インディアン・ミール・プディング(スロークッカー版)

キャスリーン・ウォールは、マサチューセッツ州プリマスにあるプリマスプランテーションで植民地時代の食生活を再現する料理人。このプディングは毎年11月13日のナショナル・インディアン・プディング・デーに供される。

牛乳…3カップ(700*ml*)
コーンミール…½カップ(90*g*)
塩…小さじ½
バター…大さじ2強
卵…2個
糖蜜…1⅓カップ(110*g*)
シナモン…小さじ1
粉末ショウガ…小さじ½
お好みで:ドライクランベリー…½カップ(90*g*)

1. スロークッカーの内側にバターを塗り、高温で15分間予熱する。
2. 牛乳、コーンミール、塩を厚底の大鍋に入れてかくはんし、沸騰させる(暖まると膨れ上がるので、レンジ面に焦

げついた牛乳を掃除するのが好きでないなら、大きめの鍋を使うことを勧める)。

3. 沸騰したら、さらに5分間かき混ぜる。
4. 蓋をして低温で10分間煮て、火から下ろし、バターを加える。
5. 卵、糖蜜、スパイスを混ぜる。
6. それに熱いコーンミールのタネを少し加えてなじませる。
7. 鍋の中で全部混ぜ合わせる。クランベリーを使う場合はここで混ぜる(ここでラップをかけて冷まし、24時間を限度に冷蔵庫に入れておき、その後作業を再開してもよい)。
8. バターを塗ったスロークッカーにタネを鍋からこそげながら移し、高温で2~3時間、または低温で6~8時間加熱する。周囲の端が中央より固くなる。
9. 温かいうちにアイスクリーム、ホイップクリーム、またはライトクリームを添えて供する。食べ残しは素晴らしい朝食になる。

◉レモン・スポンジ・プディング

このプディングには多数のバージョンがあるが、それも当然だ。おいしくて、簡単に作れる。焼いている間に、上手い具合に上の軽いスポンジの層と、下のレモン・カスタードの層に分離する。

(4~5人分)
グラニュー糖…2/3カップ(120g)
小麦粉…1/4カップ(35g)
塩…ひとつまみ
卵(大)…3個　黄身と白身に分けておく
牛乳…1カップ(240ml)
新鮮なレモン果汁…1/4カップ(60ml)
すりおろしたレモンの皮…大さじ1
バター

1. オーブンを170°Cに予熱する。
2. 1~1.5リットルの焼き型にバターを塗る。
3. 砂糖、小麦粉、塩をボウルに入れて混ぜ合わせる。
4. 別のボウルで卵の黄身、牛乳、レモン果汁とレモンの皮をかき混ぜる。
5. 両方を合わせて、よく混ざり合うまでかき混ぜる。
6. 卵の白身を角が立つまで泡立てる。
7. 白身を少量取ってレモン入りのタネに混ぜてから、タネを白身のボウルに移して混ぜ合わせる。
8. 混ぜ合わせたものを、バターを塗った焼き型に流し入れる。
9. 焼き型を、それが入る大きさの鍋に入れ、焼き型の高さの半分まで鍋に熱い湯を注ぎ入れる。
10. オーブンに入れて、プディングの上部に焦げ目がつくまで約35分間焼く。プディングの底は柔らかいカスタード状になっている。
11. 約15分間冷まし、温かいまま、または室温で供する。

◉イブのプディング

これはイギリスでもアメリカでも人気があるプディングを私なりにレシピにしたものだ。これは表面をスポンジケーキで覆った、簡単な（もちろん）アップル・プディングだ。

（6 人分）
料理用リンゴ…3 個
すりおろしたレモンの皮…1 個分
レモン果汁……大さじ 2
ブラウンシュガー…½ カップ（85*g*）
シナモン…小さじ 1
バター…½ カップ（110*g*）
グラニュー糖…½ カップ（100*g*）
卵（大）…1 個
小麦粉…1 カップ（140*g*）
ベーキングパウダー…小さじ 1
塩…小さじ 1/4
牛乳…1/4 カップ（60*ml*）

1. オーブンを 180° C に予熱する。
2. 1.5 ～ 2 リットルの焼き皿にバターを薄く塗っておく。
3. リンゴの皮をむき、芯を取り、薄くスライスする。
4. リンゴをボウルにいれ、レモンの皮、レモン果汁、ブラウンシュガー、シナモンを加え、よく混ぜ合わせてから、バターを塗った焼き型に流し入れる。
5. バターにグラニュー糖を入れ、フワフワした軽いクリーム状になるまでかき混ぜ、卵を入れてさらにかき混ぜる。
6. 小麦粉、ベーキングパウダー、塩をかくはんし、卵の入ったタネに牛乳と交互に加えて混ぜ合わせる。
7. 焼き型に入れたリンゴの上に、バッターを広げる。
8. 表面に焦げ目がつくまで 40 ～ 45 分間焼く。
9. 温かいうちにクリーム、またはクレームフレーシュ［乳脂肪分約 28% のサワークリームの一種］、アイスクリームを添えて供する。

……………………………………………

◉ショレザード（ペルシャのライス・プディング）

イラン、マークー在住のサイモン・バヤット=マークーのレシピ。

これはマークー一家のお気に入りのライス・プディングだ。

水…6 カップ（1.4 リットル）
タイ産ジャスミン米…1 カップ（200*g*）
植物油…大さじ 2
砂糖…3/4 カップ（150*g*）、またはお好みに合わせて
サフラン…小さじ 1、砕いて大さじ 2 のお湯に浸しておく
ローズ水…大さじ 3
アーモンドの薄切り…1/4 カップ（25*g*）
シナモン…小さじ 1
刻んだピスタチオ…大さじ 4

1. ジャスミン米をきれいに洗って大きな厚手の片手鍋に入れ、6 カップのお湯を加えて一晩浸しておく。
2. 1 をそのまま火にかけて沸騰させ、

沸騰したら弱火に落とし、やさしくかき混ぜながら、米が柔らかくなるまで約30分間煮る。必要に応じて水を加える。
3. 油と砂糖を加えてよくかき混ぜる。
4. 味見をして、甘味が足りないようなら砂糖を追加する。
5. 絶えずかき混ぜながら、砂糖が溶けて、米が完全に柔らかくなるまで、さらに20分ほど煮る。
6. サフラン、薄切りのアーモンド、ローズ水を加えてかき混ぜる。サフランがすっかり混ざるまでかき混ぜつづける。とろみが出て、米は食欲をそそる鮮やかな薄い金色に染まる。
7. 3個の小ぶりの椀に注ぎ入れて冷ます（大きな1個の椀に入れると、プディングが水っぽくなることが多い）。プディングが十分に冷めたら、上にシナモンとピスタチオを飾る。イランでは、シナモンとナッツを、表面全体に振りかけるのではなく、十字に並べるのが慣例だ。室温または冷蔵庫で冷やして供する。

※ショレザードのレシピの多くはバスマティ米を使用するが、マーク一家では、バスマティ米はプディングには柔らかすぎると強く感じるので、タイ産ジャスミン米を推奨している。

◉コーン・プディング

アメリカの野菜のプディングで、感謝祭の食卓に上る絶品の副菜の現代版。

（4〜6人分）
バター…大さじ4　溶かして冷ましておく。
卵…2個
小麦粉…1/4カップ（35g）
塩…小さじ1
コショウ…小さじ½
牛乳…1カップ（240ml）
スイートコーン…2カップ（150g）
すりおろしたパルメザンかペコリーノ、または他のハードチーズ…1/4カップ（25g）

1. オーブンを180°Cに予熱する。
2. 1.5リットルの焼き皿に油を塗る。
3. バターを溶かして冷ましておく。
4. 卵をかくはんし、小麦粉、塩、コショウを加え、よくかき混ぜる。
5. 牛乳と溶かしたバターを加えてよくかき混ぜる。スイートコーンも加える。
6. 油を塗った焼き皿に注ぎ入れ、表面にすりおろしたチーズを振りかける。
7. 焼き皿を大きな鍋に入れ、焼き皿の高さの半分ぐらいまで、鍋に湯を注ぎ入れる。
8. 表面に焦げ目がつき、ようじを中央に刺しても何もついてこなくなるまで、約1時間焼く。

◉プディング・ショメール（失業者のプディング）

モントリオールのクリスチアーヌ・リードのレシピ。この経済的なプディングは、大恐慌時代のケベッ

クのデザートだった。時を経て、家族のお気に入りになった。

生地
小麦粉…1½カップ（140～210g）
ベーキングパウダー…小さじ1
バター…1/4カップ（55g）
グラニュー糖…1カップ（200g）
牛乳…1カップ（240ml）

ソース
水…2カップ（480ml）
ブラウンシュガー…2カップ（340g）
バター…1/4カップ（55g）

1. オーブンを170° Cに予熱する。
2. 35×25cmの焼き型にバターを塗る。
3. 小麦粉とベーキングパウダーを合わせてふるいにかけ、置いておく。
4. ボウルにバターを入れて柔らかくなるまでかくはんし、砂糖を少しずつ加えて、なめらかになるまで混ぜる。
5. 小麦粉とベーキングパウダーを混ぜたものと牛乳を少しずつ加え、すべてがよく混ざり合うまで混ぜる。
6. バターを塗った焼き型に、生地を流し入れる。
7. ソースを作る。ソース鍋に水を入れ、沸騰させる。
8. ブラウンシュガーとバターを加えてかき混ぜる。
9. 混ぜたものを沸騰させ、すぐ火から下ろす。
10. ソースを焼き型に入れた生地の表面に注ぐが、混ぜてはいけない。
11. 表面に焦げ目がつくまで約45分間焼く。

愉快なプディング

●弾丸（ブレット）プディング

ジェーン・オースティンが実際にこのゲームをしたかどうかはわからないが、彼女の時代にはこのゲームが流行っていた。姪のファニー・オースティン・ナイトは、1804年に友人のドロシー・チャプマンに宛てた手紙の中で、このプディングについて語っている。

あなたが弾丸（ブレット）プディングをご存じないことに驚きましたが、ご存じないのなら、説明して差し上げましょう。ピューター［スズと鉛などの合金］製の大きな皿を用意し、小麦粉を山の形にうず高く盛り上げます。そして、てっぺんに銃弾を置き、参加者が順番に小麦粉の山の一部をこそげ取っていきます。誰かがこそげ取ったときに銃弾が落ちたら、その人は鼻とあごを小麦粉の中に埋めて、銃弾を口で取り出さなくてはなりません。その顔は小麦粉にまみれ、愉快な顔になりますが、笑うことができません。笑うと小麦粉が鼻や口に入って、息が詰まってしまうからです。しかも、銃弾を取り出すときは手を使ってはいけません。

注

人は死んだ後で称賛されるより、生きている間にプディングを食べる方が、確かな満足感を得られるのかもしれない。

ベンジャミン・フランクリン
『プーア・リチャードの暦』(1750年)
[真島一男監訳。ぎょうせい、1996年]

序章　百人に百通りのプディング

(1) M.F.K. Fisher, *With Bold Knife and Fork* (New York, 1996), p. 255.

(2) Quoted in C. Anne Wilson, *Food and Drink in Britain: From the Stone Age to the 19th Century* (Chicago, IL, 1991), p. 321.

第１章　プディングの歴史

(1) Attributed to Henry Carey, *A Learned Dissertation on Dumpling* (Los Angeles, CA, 1970), p. 4.

(2) Kenelm Digby, *The Closet of Sir Kenelm Digby Knight Opened* (Project Gutenberg ebook, 2005), p. 180.

第２章　黒いプディングと白いプディング

(1) Robert May, *The Accomplisht Cook* (London, 1685), p. 26.

第３章　ミート・プディング

(1) Hannah Glasse, *The Art of Cookery Made Plain and Easy* (Hamden, CT, 1971), p. 85.

(2) Richard Bradley, *The Country Housewife and Lady's Director* (London, 1980), pp. 122–3.

第４章　スエット・プディング

(1) Stephen Mennell, *All Manners of Food* (New York, 1985), p. 242.

(2) Laura Mason and Catherine Brown, *Traditional Foods of Britain* (Totnes, Devon, 1999), p. 252.

(3) Jane Cunningham Croly, *Jennie June's American Cookery Book* (New York, 1870), p. 329.

第5章　クリスマス・プディング

(1) Sarah Josepha Hale, *The Good Housekeeper: or, The Way to Live Well and to Be Well While We Live* (Boston, 1839), pp. 67–8.

(2) Estelle Woods Wilcox, *Buckeye Cookery and Practical Housekeeping* (Minneapolis, MN, 1877), p. 204.

第6章　ヘイスティ・プディング

(1) Thomas Heywood, *The English Traveller*, vol. IV (London, 1874), available at http://books.google.com/books, accessed 1 March 2012.

(2) David McCullough, *John Adams* (New York, 2001), pp. 597–8.

(3) Count Rumford, 'An Essay on Food', in Judith Herman and Marguerite Shalett Herman, *The Cornucopia* (New York, 1973), pp. 256–8.

(4) Isabella Beeton, *The Book of Household Management* (New York, 1968), p. 606.

第7章　ブレッド・プディング

(1) *The Goodman of Paris* (Le Ménagier de Paris), trans. Eileen Power (New York, 1928), p. 276.

(2) Mrs A.D.T. Whitney, *Just How: A Key to the Cook-Books* (Boston, 1880), p. 214.

(3) Colin Spencer, *British Food: An Extraordinary Thousand Years of History* (New York, 2002), p. 128.

(4) Alberto Alvaro Ríos, *Capirotada: A Nogales Memoir* (Albuquerque, NM, 1999), pp. 85–7.

第8章　ライス・プディング

(1) Gervase Markham, *The English-Hus-Wife* (London, 1675), bk 2, p. 60.

(2) Urbain Dubois, *Artistic Cookery: A Practical System for the Use of the Nobility and Gentry and for Public Entertainments* (London, 1887), p. 20.

第9章　バッター・プディング

(1) Mary Newton Foote Henderson, *Practical Cooking and Dinner Giving* (New York, 1877), p. 71.

(2) Fannie Farmer, *The Boston Cooking-School Cookbook* (Boston, MA, 1896), p. 76.

(3) May Byron, *Puddings, Pastries and Sweet Dishes* (London, 1929), p. 308.
(4) Dorothy Hartley, *Food in England* (London, 1954), pp. 617–18.
(5) Farmer, *Boston Cooking-School*, p. 570.

第10章　野菜のプディング

(1) Laura Mason and Catherine Brown, *Traditional Foods of Britain* (Totnes, Devon, 1999), pp. 55–6.
(2) Hannah Wolley, *The Queen-like Closet* (London, 1672), p. 249.3
(3) Richard Bradley, *The Country Housewife and Lady's Director* (London, 1980), p. 14.
(4) Maria Eliza Rundell, *A New System of Domestic Cookery* (Boston, MA, 1807), p. 143.
(5) Amelia Simmons, *The First American Cookbook: A Facsimile of 'American Cookery', 1796* (New York, 1958), pp. 27–8.

ジェリ・クィンジオ（Jeri Quinzio）
食べ物の歴史を専門とするフリーランスのフードライター。著書に『図説デザートの歴史』（原書房）、2010年度国際料理専門家協会（IACP）の料理史賞を受賞した『砂糖と雪：アイスクリームの歴史 *Of Sugar and Snow: A History of Ice Cream Making*』などがある。

元村まゆ（もとむら・まゆ）
同志社大学文学部卒業。翻訳家。訳書として『「食」の図書館　マスタードの歴史』（原書房）、『「食」の図書館　ロブスターの歴史』（原書房）、『SKY PEOPLE』（ヒカルランド）などがある。

「食《しょく》」の図書館《としょかん》

プディングの歴史《れきし》

●

2021年10月22日　第1刷

著者……………ジェリ・クィンジオ
訳者……………元村《もとむら》まゆ
装幀……………佐々木正見
発行者……………成瀬雅人
発行所……………株式会社原書房

〒160-0022 東京都新宿区新宿1-25-13
電話・代表03(3354)0685
振替・00150-6-151594
http://www.harashobo.co.jp

印刷……………新灯印刷株式会社
製本……………東京美術紙工協業組合

ISBN 978-4-562-05946-1, Printed in Japan